科学と非科学
その正体を探る

中屋敷 均

講談社現代新書
2513

プロローグ

北アルプスの涸沢カールは氷河が作った独特の地形で、山の一部がスプーンで削られて丸く窪んだような形をしている。その窪んだ「底」から空を見上げると、たとえて言うなら巨大な火山の火口に下りて中から上を見ているような、つまり半天を標高３０００メートル級の山々の頂きに囲まれ、上空がぽっかりと開いたような、独特な光景が広がっている。そこで満天の星々を見たことがある。

人の営みから遠く離れ、人工物からの光がほとんど届かないその場所では、本当に「星が降る」という表現が相応しい、こんなに星の数ってあるんだと、息を呑むような光景が広がっていた。そんな星たちから地上に届く光は、何万年も前に発せられたものもあるのだ、などと考えながら、それを一人で見ていると、自分という存在はこの宇宙の中で、一体何なのだろう、という気持ちが自然に心に湧き上がる。地球の外に広がるこの巨大な暗闇を、確かに今、僕は生きて、ここで見ている。ただそれが何なのだ？　何の意味があるというのだ？　そんなことを思っていた。

「闇」のことを、時々、思う。

都会にいれば、暗闇を体感する機会はあまり多くない。人の住んでいる場所であれば、どこへ行っても明るい夜だ。現代の日本に電灯のない場所など、そうそうない。しかし、そんな夜は、人類の歴史の中では例外的なものである。北アルプスのように人里遠く離れれば、そこには漆黒の闇が広がり、それは宇宙の闇へと直接つながっている。人類は長い間、そんな闇を見ながら夜を過ごしてきたはずである。

月明かりも、星の明かりすらもない本当の暗闇を想像してみよう。何も見えない闇。自分の手を伸ばしても、その手すら見えない。右も左も、前も後ろも、そして上も下も、何も見えない漆黒の闇。その中に自分の意識だけが浮かんでいる。もがいて手足を動かしても、何にも当たらない。何も見えない。そんな「闇」のことを、僕は、時々思う。

昔見た古い映画に「地球が丸いのは、行く先を遠くまで見せないためだ」という台詞があった。もし、神さまがこの地球を作られたのなら、ずいぶんと意地悪に作ったものだ。この世は、僕たち人間が遠くの行き先を見通せないようにできている。未来がどうなるのか、人はどこから来て、どこに行くのか？　一体、何が善で何が悪なのか？　考えていくと何も分からない。そこには、ただ「闇」が広がっているだけである。

遠い昔から人は、そんな「闇」に向かう恐怖を消すために、「闇」を照らす光を求めた。暗闇の中の松明(たいまつ)がわずかに足元を照らすように、何も確かでない混沌の中に光を求め、そこに少しだけ照らし出されたもので「説明されること」により、小さな安心を得てきた。宗教も哲学も、そうした光を求めた古(いにしえ)からの人々の営みであろう。その哲学から派生してきた科学は、その中でも白眉と言うべき大きな光を人類にもたらした存在である。現代社会の夜を照らす「光」は、文字通りその科学の成果だ。電灯が、現代社会から「暗い夜」を駆逐したように、科学は世界からあの「闇」を消し去っていくのだろうか？　この丸い地球を平らにし、どこまでも遠くを見通せる魔法の望遠鏡を人類にもたらすのだろうか？

本書は、科学と非科学のはざま、言うならば、「光」と「闇」の間にある、様々な「薄闇」に焦点を当てた本である。現代において「非科学的」というレッテルは、中世の「魔女」のような「異端」の宣告を感じさせる強い力を持っている。社会に存在してはならないもの、前近代的なもの、というような響きである。それは科学の万能性・絶対性が現代社会では無邪気に信じられているということの証でもある。しかし、果たして科学という体系は、本当にその絶大な信頼に足るほど強靭な土台に建っているものなのだろうか？　「科学的」なものと「非科学的」なものは、そんなに簡単に区別できて、一方を容赦なく「断罪」できるものなのか？　また、「科学的な正しさ」があれば、現実の問題は何でも解決できるのだろうか？

科学と非科学の間に大きく広がる、そのはざまに一体、何があるのか？　本書は、複雑で、曖昧で、怪しげで、でもちょっと面白い、その辺土への誘い、である。

目次

序　バーバラの見た夢

１９９9年から2年間、私はニューヨーク州のコーネル大学にいた。コーネル大学のあるイサカは、カユガ湖という氷河が削ってできた南北に細長い湖の南端に位置する人口３万人ほどの大学町である。ニューヨークとは言っても、喧噪のマンハッタンからは４００キロメートルほど離れており、緑豊かな小高い丘と渓谷に囲まれた、静かでとても美しい場所だった。夏はキャンパスにあるコーネル名物のデイリーバーで時々アイスクリームを買った。アメリカではバニラアイスを注文すると、バナナアイスがよく出てきた。注意深くネイティブの発音を聞くと、日本語の「バニラ」より「バナーナ」に近い音で、なるほどね、と思い「バナーナ」と言うと、やはりバナナアイスが出てきた。この国の仕組みは、一体どうなってるんだ、と憤ったものである。

そのデイリーバーからキャンパスのメイン通りを横切る道を下っていくと〝プランテーションズロード〟というコーネル大学の農園まで続く道と交差する。周囲を小高い木々の緑に囲まれたこの道は、大学のハーブ園や植物園にも面しており、研究の合間のちょっとした散歩道としても気持ちよく歩ける所だった。

その道の傍らに、〝マクリントックの納屋〟と名付けられた小さな古ぼけた小屋がポツンと建っている。ここがあのバーバラが、かつてトウモロコシを育てていた場所なのだ。

バーバラ・マクリントックが、コーネル大学に入学したのは1919年のことだった。瞳の奥にある強い眼光を除けば、どこにでもいそうな小柄で華奢な少女が、「可動遺伝因子の発見」によりノーベル生理学・医学賞を受賞するのは、64年後の1983年のことになる。バーバラは、元々エレガントな女性らしさをイメージさせる「エレノア」と名付けられて誕生してきたのだが、わずか生後4ヵ月には、その名が彼女に相応しくないことを両親は知ることになる。より活動的な女の子の名前として選ばれたのが「バーバラ」だった。両親が予想したように、彼女は女の子よりも男の子の友だちが多いお転婆娘として育っていったが、その頃から他の誰とも少し違った子どもだった。彼女は孤独を苦にしなかった。と言うより、むしろ好む傾向すらあり、よく一人で物思いにふけっていたという。また、興味を持ったことに対しては、行き過ぎたような集中力を見せ、周りが見えなくなることもしばしばで、両親を心配させた。

そんな彼女がコーネル大学に入学した当時の生命科学における最大の謎は、遺伝子はどこにあり、一体何なのか？　という問題であった。生物の形質、つまり背が高いとか、髪の毛が黒いとか、そういった性質がどういう仕組みで決まるのか。それは人々にとって長年の謎だった。生まれてくる子どもの形質が、両親に影響されることは経験的に知られていたが、背の高い両親から背の低い子どもが生まれてくるようなことも実際には起こり、その仕組みは誰も説明できなかった。その謎に初めて体系的な研究がなされ、その結果から提唱されたのが、有名な「メンデルの法則」である。19世紀中頃にエンドウマメの交配実験を基に発表されたこの説では、両親から遺伝される、たとえば花の色のような形質は液体のように交じり合うものではなく、塊として振る舞う粒子のような因子により決定されるとされた。つまり細胞の中にある液体やそれに溶けているようなものではなく、細胞に存在する何か塊のようなものが、生物の形質を伝える「遺伝粒子」であると考えられたのである。

バーバラがコーネル大学で研究をスタートさせた頃には、その「遺伝粒子」とは染色体であるとする「染色体説」が確立されつつあった。トーマス・ハント・モーガンらは、ショウジョウバエを用いて精力的な研究を行い、1本の染色体上に様々な形質を決定する複数の「遺伝子」が存在し、それらが線状に配列されていることを解き明かしていった。この一連の功績で、モーガンは1933年にノーベル生理学・医学賞を受賞することになる。この時代の興味の焦点はこの〝染色体〟であり、遺伝子の本体がDNAであることや、それがたんぱく質を作り生物の形質を支配していくといった分子機構が解明されるのは、まだまだ先のことであった。

そのような時代背景の下、バーバラはトウモロコシを用いて遺伝子と染色体との関係を調べていった。トウモロコシは当時使われていた他のモデル生物よりも染色体が大きいという長所があり、顕微鏡でその染色体の形や模様などを詳細に観察することが比較的容易だった。バーバラはその利点を活かし、いろんな性質を持つトウモロコシの染色体やその細胞分裂の過程における染色体の振る舞いを、顕微鏡を駆使し詳細に観察していった。そこから得られた発見のいくつかは高く評価されることになり、

1944年には41歳という異例の若さで、彼女は米国科学アカデミー会員に選出された。米国科学アカデミーは世界で最も権威ある学術団体の一つであり、女性としてはわずか3人目の栄誉であった。また、翌45年には米国遺伝学会の会長にも選ばれており、彼女の学会における名声は、この頃までにはすでに確立されていた。

ちょうどその頃、バーバラは長年慣れ親しんだコーネル大学を離れ、同じニューヨーク州にあるコールドスプリングハーバー研究所へと、紆余曲折の後に移ることになる。そこで彼女が6年もの年月をかけ、満を持して発表したのが「動く遺伝子」説であった。1951年に開催されたコールドスプリングハーバー研究所のシンポジウムでなされたこの発表は、二つの意味で革新的だった。一つは文字通り「遺伝子が動く」ことを提唱したことであり、もう一つは「一つの遺伝子が他の遺伝子の働きに影響を与える」ことを示唆したことだった。いずれのコンセプトも、当時の常識を打ち破る刺激的で斬新なものであったが、待っていたのは石のような聴衆の反応であった。彼女の発表は学会から事実上無視され、それから彼女は不遇の時間を過ごすことになる。バーバラは当時の状況を「笑いものにされたり、本当に気が違ったのではないかといわれたのは驚きでした」と述べている。

どうしてこんなことになったのか？　バーバラが頭脳明晰で極めて優れた研究者であることは、学会の誰もが知っていた。彼女は41歳で米国科学アカデミー会員に推挙され、学会長まで務めた人物だったのだ。いくら当時の常識にない斬新な説とはいえ、科学者の集団なのだから、それが正しい言説であれば、受け入れられて然るべきではなかったのだろうか？　彼女の説は後のノーベル賞受賞が示すように、確かに正しかったのだ。一体、どうしてこんなことになってしまったのか？

この逸話は「科学的に正しければ、理解され受け入れられる」という、科学の基盤をなす了解事項が実はそんなに単純ではないことを、端的に物語っている。この状況の最もシンプルな説明は、バーバラが飛び抜けた頭脳を持っており、常識に捉われた他の科学者がそれについていけなかった、彼女だけが何十年も時代を先取りしていた、というようなものである。実際、このエピソードはそのような文脈でよく紹介されるし、それは確かに真実の一面を表しているのだろうが、決して本質的なものではないと、私は思う。誤解を恐れずに言えば、もっと単純に、当時の彼女の説明が他の

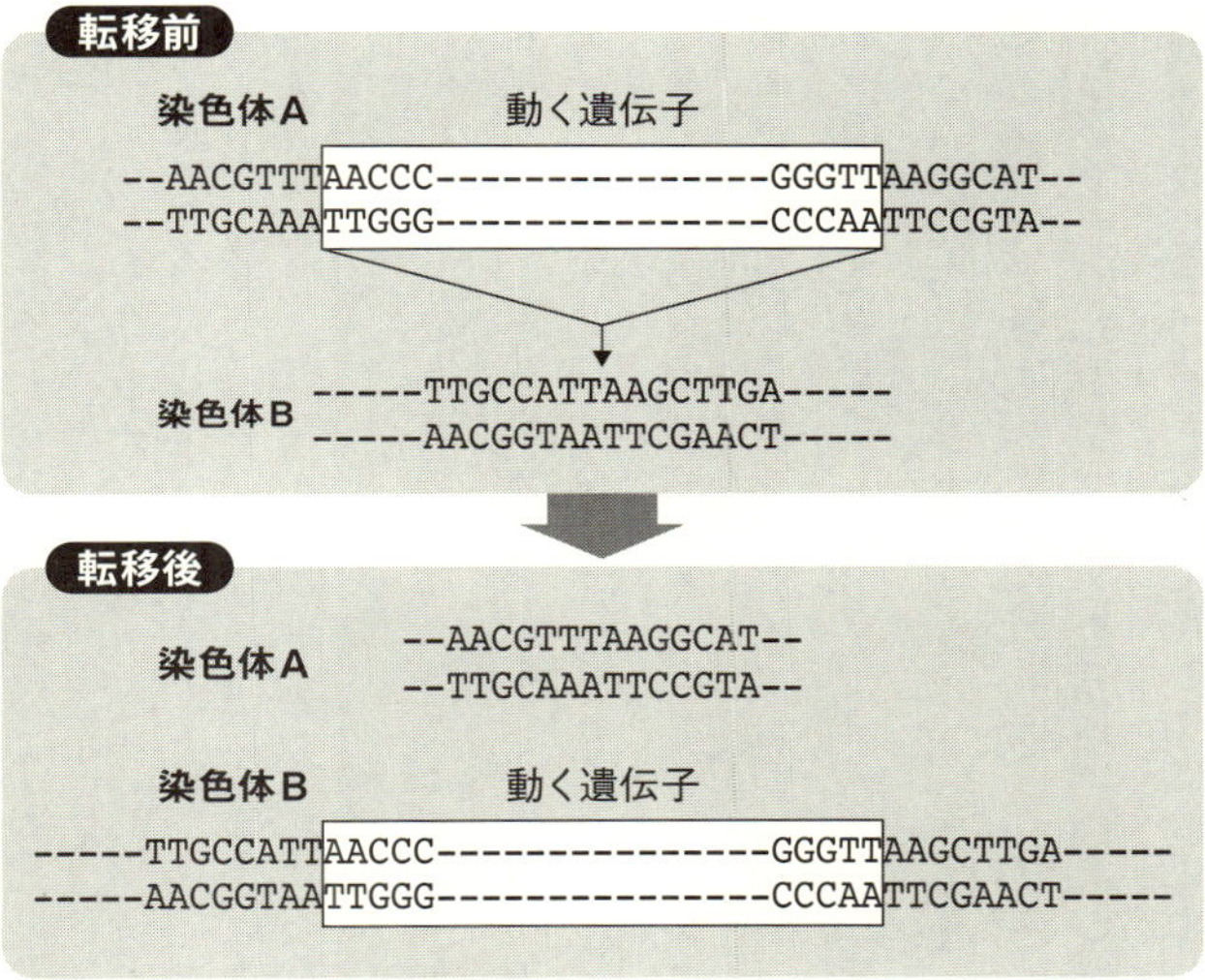

図1．「動く遺伝子」の模式図

誰をも納得させるだけの明白さを持ち合わせていなかったのである。

「動く遺伝子」つまり、遺伝子の転移とは、単純化して示せば図1のようなものである。ある長さを持ったＤＮＡの断片が、染色体の他の場所へ動くというものだ。もし、彼女が図1のようなデータを示すことができていれば、誰もが簡単に納得できる。しかし、彼女にはそれができなかった。もちろんそれは彼女のせいではない。その当時は遺伝子暗号を決定する技術もなかったし、第一、遺伝子というものがこうしたA、C、G、TなどのDNAの塩基でできていることさえ分かっていなかったのだ。しかし、そのような状況下で、彼女は遺伝子が動くことを確信し、仮説を発表したのである。

つまりバーバラの偉大さは、革新的な概念を誰もが納得できる形で白日の下に明らかにしたことではなかった。たとえて言うなら、テレビのバラエティ番組等で、黒い箱にタレントが手を突っ込んで、中に入っているものを当てるゲームを見ることがあるが、あれである。バーバラの凄さは、手触りだけで「これはブルゴーニュ産の1992年物のロマネコンティのボトルだ」と言い当てたようなものである。テレビであれば、黒箱の中身を視聴者には見せているだろう。しかし、「動く遺伝子」の場合は、観客にも当時箱は黒箱のままだった。もちろんバーバラは、それがなぜ92年物のロマネコンティと判断できるかを、理路整然と説明した。ボトルの形やそこにある数々の小さな突起の大きさや間隔、ラベルの紙の肌触り、コルクの大きさや質感、それらがすべて92年物のロマネコンティだと彼女は言った。その言葉・論理には何の齟齬もなく、どうぞあなたも触ってごらんなさいと観客にも勧めただろう。しかし、箱の中身を実際に見ることができない観客は、彼女の言うように考えれば、それを説明できることまでは分かっても、それが唯一の説明であるというような確信は得られず、ただ困惑した。そういった観客の困惑は、ジョシュア・レーダーバーグ（1958年度のノーベル生理学・医学賞受賞者）がバーバラの研究室を訪問した際に発したと伝えられる言葉によく表れている。彼は言った。「神にかけて、あの女性(ひと)は気違いか、そうじゃないなら天才だよ」。

彼女はどうしてその黒い箱の中身を確信をもって言い当てることができたのだろうか？　今から振り返っても、彼女の仮説は緻密で、その後に判明した「動く遺伝子」の分子的な実体を実によく捉えたものである。しかし、様々な工夫を凝らしているとは言え、彼女のアプローチは基本的にはトウモロコシを交配して育て、その細胞を顕微鏡で観察するという古典的なものであり、それでどうして実体も判然としていなかった遺伝子の作用や動きまで正確に理解できたのか、私のような凡人にはとても分からない。

エブリン・フォックス・ケラーが著した『A feeling for the organism』（邦題：『動く

遺伝子』、訳：石館三枝子・石館康平）というタイトルのバーバラの伝記を読むと、彼女には相反するかけ離れた二つの顔があることが分かる。一つは非常に理知的で無駄や過剰を排した徹底的な合理主義者という顔である。そして、もう一つは自らの直観を重視し、それを確信へと変えていく、どこか神秘主義者のような顔である。そして不思議なことに、このかけ離れた二つの顔が、彼女の中ではまったく違和感なく一体化しているのである。

研究者には色々なスタイルがある。多くの人は、研究者というと自ら実験をしているものだと思うだろうが、現在では多くの研究者が予算の獲得や研究全体の統括のようなことを行い、実際の実験は研究員がやっているというスタイルも少なくない。バーバラの時代でも、ショウジョウバエ研究のモーガンなどは、そういった事業型の研究スタイルの先駆者として有名であった。しかし、バーバラは一切の研究を基本的に自分の力で行った。トウモロコシの種を植えるところから、顕微鏡のサンプル作製に至るまで、すべてのプロセスを自力でやることに徹底していた。彼女が繰り返し語っているのは「自分の扱っている対象をよく観察し、それが語りかけるところに耳を傾けること」の大切さである。彼女は言う。

「どんなトウモロコシをとってもまったく同じものは一つとしてありません」

「私は芽の段階から観察をはじめます。芽が伸びるままに放っておきたくないのです。トウモロコシの生涯にわたって目を注いでいない場合には、本当に話がわかったという感じが持てないのです。そんなわけで私は畑のトウモロコシをすべて知っています。親しく知っているし、知っているということが大変にうれしいことなのです」

「私はトウモロコシについて学びすぎるほど学んできたので、何かに気づいたときにはただちに説明をつけることができるのです」

このような異様とも言うべき、研究対象との近さ――それは物理的にも精神的にも――が彼女の研究スタイルを特徴づけるものであった。そして彼女はトウモロコシの観察から得られた情報の断片を、彼女の卓越した頭脳で論理的に統合していった。その思考は間違いなく論理的なものであったが、時に「こう考えればすべてがつながる」といった直観のような洞察が、それに加わった。この直観からくる洞察を彼女は大切にしたし、それが彼女と研究対象との「近さ」から得られたものであると彼女は信じていた。

バーバラの良き理解者であり、同僚でもあったマーカス・ローズがある時「顕微鏡で細胞を見るだけで、どうしてそんなに多くのことが分かるのか、いつも不思議でたまらないのだけど」と聞くと、彼女は「そうね。私が細胞を見る時は、その細胞のなかへ降りていき、そして周りを見回すのよ」と答えたという。

このような科学者としてあるまじき神秘主義的ともいえる言動を、バーバラが自分のイメージを神秘のベールで覆うためのものだと言う人たちもおり、それはそれで合理的な説明であろうとは思う。しかし、ではなぜ彼女が当時真っ黒な箱の中にあったものを、あれほどまでに正確に言い当てることができたのか、その彼女の真の偉大さを理解していない人たちの言説のようにも、私には思える。彼女は子どもの頃から妄想癖があった。そして大人になり、とてつもなく論理的で巨大な妄想の世界を、トウモロコシとの現実の関わりを通して、自分の中に構築したのだ。ただ、その彼女の「妄想＝夢」が実は本当の現実の姿であることを、世界が発見するのに30年以上の年月を要した、それが実際だったような気もする。

このバーバラのエピソードは、科学的な真実とは何か、それがどのようにこの世界に現れてくるのか、また科学と社会の関わり、といった本書に通底するテーマを考える上で、実に大きな示唆を与えてくれている。ケラーがバーバラの伝記に記した言葉を最後に紹介したい。

「新しい思想、新しい概念は、一人の男のあるいは一人の女の夢という秘密の工房のなかで生まれる。しかしその概念が科学理論の体系の一部となるためには、当の個人が属する社会に認められなければならない。ついでその社会の集団的な努力が新しい思想が育つ基盤を用意することになる。総じて科学的な知識というものは、複雑かつ微妙な、個人の創造性と社会による是認との相互作用から生まれる」

第一部　神託を担う科学

第一話　デルフォイの神託

ギリシャを救った「神託」

有名なソクラテスの「無知の知」は、彼の友人が「ソクラテスより賢い人はいるか」と神に尋ねたところ、「誰もいない」という神託を受けたということから話が始まる。この神託に驚いたソクラテスは、世間の知者を次々に訪ねて、彼らと問答してみた。その結果、「私は自分の無知を知っている」という点で、もしかしたら彼らより賢いのかもしれないという結論に達したという話だ。このエピソードはとても有名だが、ではソクラテスが驚いたというこの神託がどこで下されたものか、ご存知だろうか？

それは古代ヨーロッパで人々の信仰を集め続けた神託の地・デルフォイである。デルフォイはギリシャの首都アテネから西北へ１２０キロメートルほどの所に位置するパルナッソス山の西南麓にある聖地であり、ギリシャ神話では全能の神ゼウスが世界の中心と決めた場所と言い伝えられている。この聖地は標高600メートルくらいの山の斜面にあり、アポロン神殿を中心とする神域に都市部が隣接した、かつての都市国家(ポリス)であった。

このデルフォイの神託は、驚くほど長い間、ギリシャのみならずヨーロッパ各地から最も権威ある神託として名声を博してきた。その期間は紀元前8世紀頃に始まり、紀元後392年にローマ皇帝テオドシウス1世がキリスト教以外の異教祭祀を禁じたことで終焉を告げるが、この間の1000年以上にわたっている。

デルフォイの神託には数々の有名な例があるが、その中でもギリシャが国家滅亡の危機に瀕していた紀元前5世紀に授けられた神託は、その名声を確立するものとなった。当時、ギリシャの東にはエジプトからインドに接する領域までを支配していた超巨大国家アケメネス朝ペルシアが隣接していたが、そのペルシアが本格的にギリシャ討伐に乗り出してきた。ギリシャ最大の危機、ペルシア戦争である。

ペルシア軍はおよそ700隻の大艦隊と5万とも10万とも伝えられる大兵団を送り

込み、破竹の勢いで攻め上がり、アテネへ侵攻しようとしていた。ギリシャ連合軍はこのペルシア軍に対してどう立ち向かうべきか、デルフォイの神託を仰ぐこととなった。使者が持ち帰った神託の核となる部分は、次のようなものだった。

「ゼウスは、トリトゲネス女神（アテナ）に木の壁を、唯一の不落の拠り所となり、汝と汝の子らを救わんがために与えたまうであろう」

（『ギリシア神話入門：プロメテウスとオイディプスの謎を解く』吉田敦彦著）

この「木の壁」の解釈を巡って、ギリシャ連合軍の中で論争が起こった。ある者は、木の壁とはアテネのアクロポリスの回りを囲む丸太や板で作った防御壁のことで、アクロポリスに籠城して戦うべきだと主張した。しかし、アテネのテミストクレス将軍は、木の壁とは船を指すもので、ペルシアの艦隊を海上で迎撃すべきと主張し、実際に海軍を率いサラミスの海戦でこれを打ち破った。これがペルシア戦争における決定的な転機となり、その後ペルシア軍は撤退していくこととなる。ギリシャ存亡の危機は、デルフォイの神託とテミストクレスにより救われたのだった。

「神託」の謎に迫る科学のメス

このデルフォイの神託とは、どのようなものであったのだろうか？　それはアポロン神殿の中心にある地中深く掘られた特別な場所で執り行われていた。そこには岩がむき出しになっている部分があり、その岩には裂け目があった。裂け目の上に高さ1メートルほどの三脚台が置いてあり、そこに神託を授かるピュティアと呼ばれる純潔の巫女が座った(図2)。ピュティアは神託の前には断食をし、多くの清めの儀式を行ったと伝えられている。泉で沐浴をして身を清め、神聖な泉の霊水を飲み、月桂樹を燻(いぶ)して煙を吸い込み、その葉を嚙んだ。その巫女が三脚

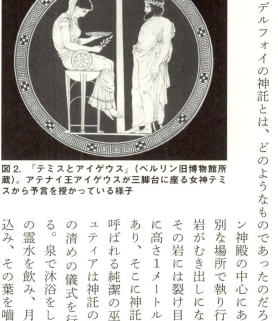

図2. 『テミスとアイゲウス』(ベルリン旧博物館所蔵)。アテナイ王アイゲウスが三脚台に座る女神テミスから予言を授かっている様子

台に座り、目を閉じ、大きく深呼吸をする。しばらくすると予言の神アポロンが降臨したかのように、巫女は普段とは違う声質で話し始め、時につじつまの合わない意味不明の言葉を発した。そのトランス状態になった巫女の言葉を傍らの男性神官が書き留め、その意味が解釈され、韻文の形に直された。これが「デルフォイの神託」であった。

1996年から米国の地質学者・化学者・毒物学者などの科学者チームがこの「デルフォイの神託」の謎に挑んだ。その報告が2003年の『サイエンティフィック・アメリカン』誌に発表されている。最も重要な発見は、デルフォイにはいくつかの断層線が走っており、アポロン神殿の下ではちょうど2本の断層線が交差しているということだった。この断層には特殊な石灰岩層が含まれており、断層の摩擦で加熱されると、そこから化学物質が気化してくることが予想された。それが湧き水とともに断層を伝って地表に上ってきていた可能性が指摘されたのだった。

では、一体どんな化学物質が地下からもたらされていたのか？　デルフォイの泉の水や、古代の泉によってできたと考えられる沈殿岩の化学分析の結果、メタン、エタンそしてエチレンが検出された。古代ギリシャの伝記作家であったプルタルコスによれば、巫女の座る岩の割れ目からは「プネウマ」といわれる霊気のようなものが出ており、さらに霊水を飲むことで、巫女はトランス状態になるとされた。チーム内の科学者はこの巫女のトランス状態と、化学分析の結果得られたエチレンの関係に注目した。エチレンには麻酔薬のような効果があり、実際に低濃度のエチレンを被験者に与えることで、体外遊離や陶酔感のようなものが得られ、一種のトランス状態に導かれることが示された。

歴史家ディオドロスの記録書によると、元々デルフォイのあるパルナッソス山麓で、山羊が狂ったように飛び跳ねたり、急に倒れ込んで体を痙攣させたりすることがあり、調べてみると、山羊たちは大地の割れ目から吹き出してくる気流を吸い込んでいた。人がそれを吸うと、奇妙な言葉が自分の口から出て来るのを止められなかったという。これがデルフォイの神託が行われるきっかけとなったということなのだ。

つまりアポロン神殿奥にある岩の割れ目から吹き出してくるエチレンガスの効果で、巫女が一種のトランス状態になり、ラリった巫女のうわごとを書き留めたのが、1000年以上もの間、信仰を集め続けた「デルフォイの神託」の正体だったということになる。ソクラテスもがっかりだ。

装置としての「デルフォイの神託」

しかし、ではデルフォイの巫女の口から発せられる神託が、なぜ、それほどまでに高い信頼を勝ち得たのだろうか？　それは単なる偶然だったのか、それとも何か理由があったのだろうか？　予言の神アポロンのご霊験を根拠もなく否定するのもバチが当たりそうだが、一つの説明として考えられるのは、巫女の言葉を書き留める神官の存在である。この神官は多くの場合、学識ある男性が従事しており、それが巫女の言葉を「翻訳する」過程で、ある種の理性的な情報操作が行われた可能性があることは否定できない。神託は月に1回であり、依頼者の質問に対する事前の調査も含めて、神託の評判を落とさないように細心の注意が払われていたことは想像に難くない。また、この神官たちに賄賂を贈って神託を左右するようなことが行われていたとも言われている。

結局のところ、こういった「デルフォイの神託」のような世界各地にある神のお告げは、たとえば国難など誰もが簡単に判断できない問題に対する社会合意を形成するための「装置」として働いていたという見方もできる。有名なウィーン会議における「会議は踊る、されど会議は進まず」という言葉を引くまでもなく、利害も立場も考え方も異なる人間たちが、難しい問題について協議すれば、普通に考えて簡単に話はまとまらない。絶対王政のように権力を集中させるのなら別だが、合議制であれば、イザという時に皆を納得させるための社会的装置が必要なのだ。「デルフォイの神託」がギリシャの地で長らく必要とされたのは、古代ギリシャが民主政であったことと、恐らく無縁ではない。

だから「神託」が実際は賄賂のようなもので捻じ曲げられていたとしても、そんなことは大きな問題ではなかった。国民を納得させ、特定の方向に一致協力して向かわせることが大切なのである。そして「神託」であれ、「王」であれ、「教会」であれ、社会合意を形成するための装置にとって、最も必要なものは権威である。それは時に神秘性を持たせたカリスマであり、その権威を疑う者は社会的に厳しく罰せられなければならない。それはそれら装置の権威が失われれば、社会秩序の崩壊につながるからである。

現代の「神官」たち

翻って、「神託」を持たない現代の民主主義国家では、この問題にどう対処しているのだろう？　意見の異なる国民をどう納得させ、合意が作られているか？　もちろん様々なケースがあろうが、非常に大切な装置の一つが、実は科学である。現代社会では、「理性で世界を理解することができる」と信じられており、科学がその世界の姿を解き明かす役割を果たすことになっている。だから、たとえば新しい医薬品が安全かどうか、遺伝子組み換え食品を認めるのか、あるいは再生医療をどこまで人間に適用すべきか。こういった議論が分かれかねない問題については「科学的に解決されるべし」ということになる。

しかし、科学はこういった現実の問題に対して、本当に適切な社会合意をもたらすような「神託」を常に与え得るだろうか。原発問題はどうだろう？　かつて「日本の原発は絶対に安全」と言っていた「権威」たちは、今や「原発の安全について、担保しないし、判断しない」と言っているではないか。また、地球温暖化問題はどうだろう？　アメリカの「二酸化炭素の増加が地球温暖化の原因だとする科学的証拠はない」という主張は本当なのだろうか？　「神託」を左右する「神官」たちは今も昔も、様々な働きかけを受けており、現代の「巫女」の発する言葉（たとえば実験データ）も、その多くが実は「神官」以外には意味不明なのである。

「科学的」とは一体、何なのか？　科学が立っている基盤とは一体どのようなものか？　「非科学」とは、本当に異端として排除されなければならないものなのか？　この第一部では、そういった科学の信頼性、その限界に関するいくつかの問題について考えたいと思う。

第二話　分からないこと

2011年3月15日

科学と社会の間にある「はざま」を目撃したような、今も忘れられない光景がある。それは2011年3月15日の早朝に見たテレビである。朝、起きてPCのスイッチを入れると「福島第一原発から一部東電社員が退避」というようなWebニュースが目に飛び込んできた。「社員が退避？　これはただ事ではない」と思った私は、急いでテレビをつけた。

すると、ちょうど東電の会見が行われており、いつも質問に答えている人たちとは違う、あまり見慣れない社員の方々が、どことなく雑然とした印象を受ける会場で会見に応じていた。しかし、質問をしている記者も見ている私も、当然いちばん知りたい福島第一原発でいま何が起こっているのかについては、報道されていることを繰り返すだけで、それ以上のことは「分かり次第、報告します」というようなことを言うばかりだった。ただ「何かとんでもないことが起こっていそうだ」という漠然とした不安を彼らが感じていることは、尋常でないその青ざめた表情から窺えた。

後に発表された国会事故調査委員会報告書等によれば、２０１１年3月14日夜半から3月15日早朝において、極めて危機的な状況が福島第一原発に訪れていたことが記されている。その中でも問題だったのは2号機である。2号機は非常用炉心冷却装置の一つであるＲＣＩＣが作動したことで、地震後しばらくは他の原子炉に比べて安定した状態を保っていたが、14日の13時半頃にその頼みのＲＣＩＣが停止したことで、事態は急変する。16時20分には燃料棒の露出が始まり、18時22分頃には原子炉の冷却水が完全に失われる。これは燃料棒がメルトダウンを開始することを意味しており、21時頃には圧力容器の何らかの破損が始まり、格納容器内の圧力と放射線量が上昇を始めている。また、この2号機で最悪だったのは、そうして圧力が上昇し始めた原子炉から蒸気を逃がす操作であるベントができなかったことである。

原子炉というのは、単純化して言えば、圧力釜のようなものである（図3）。通常の圧力釜であれば、止めたくなれば火を切ればよいが、原子炉では止められない熱源が

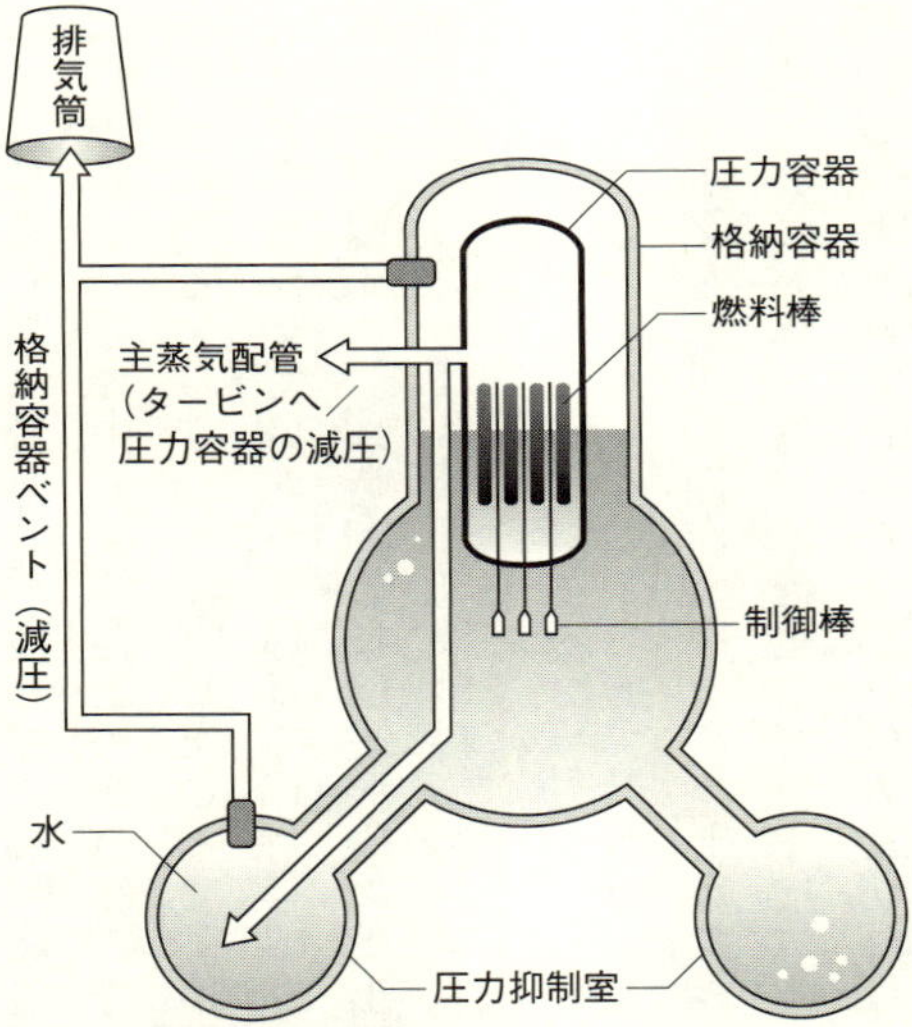

図3. 沸騰水型原子炉の模式図

圧力釜の内部にあり、その熱により水がどんどんと蒸気になっていく。どんな圧力釜でも、過度の圧力が内部に溜まらないように蒸気を逃す安全弁がついているものだが、2号機ではその圧力を逃す弁が正常に作動しなかったのだ。そんなことになったら、「圧力釜」がどうなってしまうか、考えてみて欲しい。

そして翌朝6時14分に「爆発」が起き、東電社員が退避を始めたのが、その直後の6時30分頃と報道されている。私がテレビを見たのは、そのたぶん1～2時間後くらいのことだ。会見をしていた職員にどの程度の情報が伝えられていたのか分からないが、少なくとも2号機が14日夜から危機的な状況にあったこと、早朝に「爆発」があり、社員が退避を始めたこと、そしてやや遅れてではあるが、その後、構内の放射線量が急上昇したことなどは伝えられていただろう。これだけの断片的な情報が与えられれば、専門家でなくても原子炉の最後の砦である格納容器が「爆発」により破損し、中にある高レベルの放射性物質が漏れ出てきたのではないか？そんな想像が頭をよぎる。この時、爆発音が聞こえたのは圧力抑制室であったと報道されており、それは格納容器と一体となってつながっている部分である（図3）。もしかしたら高レベルの放射性物質が敷地全体にまき散らされ、放射線でまったく構内に人が立ち入れなくなるのではないか？　つまり福島第一原発全体が制御不能になる、そんな最悪の状況さえ想定される。それは会見をしていた東電社員の頭にも当然あったはずだ。

だが、言うまでもなく、これらはあくまで断片的な情報からの想像であり、確かなことやその全貌は、東電本社でも、恐らく現場でさえも、混乱の最中であり分かっていなかっただろう。誰であっても、そんな重大なことが起こっていそうな時に、軽率に自分の想像を会見で述べることなんてできない。それは情報の隠蔽とか、そういう問題ではなく、そうとしか言えないのだ。しかし、質問する記者の追及は厳しい。また、テレビを見ている私も実際そうだったのだが、もっとはっきりとした、もっと分かりやすい説明をして欲しかった。「本当は、爆発で格納容器が壊れたんじゃないの？　なぜ、そう言わない」。そんなことを思っていた。それは確かに科学と社会のはざまにある「何かの齟齬」が露わになった光景だった。

〝説明〟を求められる科学

社会が科学に求めている最も重要なことの一つは、この世界にあることを分かりやすく「説明すること」である。医薬品であれば、それが自分の病気に効くのか効かないのか。新しい技術が生まれれば、それは安全なのか、安全でないのか。この育毛剤で、俺の髪の毛は生えるのか、生えないのか。そういった自分の疑問に対して、なるべく分かりやすく、願わくはＹｅｓ／Ｎｏで答えて欲しい。ただ、テレビ番組でそういった視聴者の希望に応える役割を果たしている「科学者」を除けば、そんな分かりやすい回答をすることは、本来科学者には難しいのだ。科学者として誠実であろうとすればするほど、科学の不確実性に言及しない訳にはいかなくなる。

だからと言って、たとえば社会の関心が高い被曝問題に対して「危険かもしれないし、危険じゃないかもしれません」なんてとぼけたことを、コメンテーターとして言うことは許されない。税金で研究していて、いざという時にそのコメントは何だ！ 何のために研究しているのだ！ ということになるだろう。専門家として社会に接すれば「分かりやすく説明すること」を要求されるし、ある意味、それは当然のことなのだろう。

しかし、実際、現実の世界はそう簡単ではない。たとえば圧力抑制室で爆発音が聞こえたと報道された2号機だったが、その後の調査でこの「爆発」は4号機の水素爆発の誤認だった可能性が指摘されている。つまり、普通に考えればそうだろうと思われたことが、実は間違っていたということになる。当時、その「爆発」が2号機の圧力抑制室で起こったと信じられたのは、同時期に2号機の圧力抑制室の圧力が大気圧にまで減じたからである。高圧だったものが、大気圧まで下がってしまった。そしてその時、爆発音があった。その状況が与えられれば、「爆発」により中身が漏れて圧力が減じたのだと誰もが思う。「福島第一原発から一部東電社員が退避」が当時行われたのも、それと無関係ではなかろう。それが違うというのだ。

では、この時、いったい本当は何が起こっていたのか？　状況は混沌としている。いくつも出ている事故の報告書を見てみても、計測値やその後の推移をすべて矛盾なく説明しているものはないように思う。現在、最も広く信じられているのは、2号機の圧力抑制室の圧力が下がったのは、圧力計測器の故障によるもので、実際、その時に圧力が下がった訳ではなかった。そして当日多くの放射性物質が放出されたのは、「爆発」による破損のせいではなく、2号機を中心に1〜3号機で格納容器の継ぎ目や小さな亀裂等から、高濃度の放射性物質が漏れ出たからというようなものである。

しかし、このシナリオにも確定されていないいくつもの仮定があり、結局のところ、事故から何年もたった今でもすべてが完全に明らかになっている訳ではない。それを事故の当日、きちんと説明することなんて、とてもできない。それが本当のことである。分かりやすい説明を求められても、分からないのだ。

SPEEDI

もう一つこれに関して例を挙げよう。福島原発事故の政府対応で大きく非難された、緊急時迅速放射能影響予測ネットワークシステム（SPEEDI）の活用についてである。ＳＰＥＥＤＩは、原子力発電所から放射性物質が放出された場合に、放出源情報、気象条件および地形データ等を基に、周辺地域における放射性物質の拡散方向、大気中濃度や被曝線量などを予測するプログラムである。福島原発事故の際にも稼働し、それが計算した放射性物質の予測分布図の少なくない部分が、実際の分布とよく一致していた。だから、これを迅速に公開していれば、住民の被曝被害を軽減できたはずなのに、政府はそれを公開せずに隠蔽したというような批判である。

誤解を招かないように最初に断っておくが、私は原発は不経済で、将来に禍根を残す非倫理的な技術だと思っている。しかし、ＳＰＥＥＤＩの情報を適切に公開していれば、無用の被曝を住民にさせずに済んだというような批判に対しては、賛成しかねるのだ。それは自分がその担当者であってもＳＰＥＥＤＩの情報はやはり公開できなかっただろうと思うからである。

確かにＳＰＥＥＤＩは事故の際の放射性物質の広がりを予測するために１００億円以上も税金を投じて作ったシステムであり、あの時使わなければ、いつ使うのだと思うのが自然だとは思う。しかし、日本で本格的な原発事故が起こったのは初めてのことだから、当然、ＳＰＥＥＤＩの実戦運用も初めてである。ぶっつけ本番だ。もし、予測が間違っていたら住民の被曝を増やすことになり、後々訴訟などに発展する可能性もあるだろう。避難の参考となる情報を公開するのなら、やはり現地での放射線量を実際に計測する検証が科学的には最低限必要である。しかし、現地に人を派遣し、相当数のサンプルを取得し、それらを分析している間に住民はどんどん被曝していく。分析が終わる頃には、もう住民の避難など終わっているだろう。要は科学的な正しさを追求しようとすれば現実的に役に立たないし、役に立つことを優先すれば科学的な正しさがおざなりになる。

科学が持つ二つの顔

こういった時、社会に「神託」を下す装置としての「科学」と、この世の法則や真理を追究する〈科学〉という、科学が持つ二つの顔が乖離する。これは程度の差こそあれ、社会問題に科学がコミットする場面には、同じ構図が現れる。たとえばそれは「低線量の放射線被曝」であり、「遺伝子組み換え食品」であり、「残留農薬」の問題であっても同じである。共通する構図を単純化して言ってしまえば、科学的には分からない部分を残したまま、社会に対して「神託」を下さなければならないという問題だ。

たとえば、あなたの前に水の入ったコップがあるとする。そこに墨汁を1滴たらせば、水は忽ち黒くなるだろう。そのコップの水を半分捨てて、水を足すとその黒色は少し薄くなる。その水を半分捨てて、また水を足す。この操作を10回繰り返したとして、さて、その時の水は透明だろうか？　まだ黒く見えるよ、という人は、もう10回繰り返してみよう。今度はどうだろう？　この喩えは、たとえば低線量被曝が危険か安全か、という議論に似ている。透明だと言えばそれは安全を意味しており、黒いと言えばそれは危険の意味になる。では、何回操作を繰り返した時に、水は黒から透明になったのか？

「神託」を下すという社会的な役割を持った科学者は、そのよく分からない境界に対して、たとえば1年当たり20ミリシーベルト以下なら安全というようなことを言わなくてはならなくなる。それは結構つらい役割である。被曝の危険性を厳密に考えようと思えば、実に様々な要素がある。各人の持つ遺伝子型や年齢によって放射線への感受性は違うだろうし、内部被曝か外部被曝かというのも問題だ。また喫煙や食生活等によって摂取する化学物質も大きく違うだろうし、それらと放射線の相乗作用があることも知られている。個人個人で異なった条件により、厳密な意味での黒色／透明の水準は変わってくる。

では、いろんな人がいるからと、さらに20分の1の年間1ミリシーベルト以下とすればより安全だろうが、社会的な問題は多くの場合、単に科学の話に終わらない。現実に原発事故が起こり空間線量が高くなっていれば、基準を低くすれば低くするほど、今度は自宅を離れ避難しなくてはならない人が多くなる。住み慣れた家を捨てるストレスと若干増える被曝線量とどっちがより健康に悪いのか？　実際、福島の原発事故に関連して亡くなった人の多くは、被曝そのものではなく、環境の変化によるストレスが原因であったと言われている。それならギリギリまで許容被曝線量を上げようかという話にもなるが、今度はコップの後ろに白い紙を置いて、水はまだこんなに黒いじゃないか、と批判するややこしい人たちが出てくる。つらい仕事である。

このように社会問題に科学がコミットする時、その判断は純粋な科学的根拠ではなく、往々にして社会的な要請との妥協の産物となり、それがまた問題を複雑にする。しかし、避難のストレスのような次元の違う話は別にしても、水が黒色か透明かという問題は、たとえば水の吸光度を測れば、どこかで検出限界値として科学的に線が引けるのではないか？　そういう鋭い疑問をお持ちの方もおられるだろう。それについてはまた次の話で、なぜ科学で「分からない」ことが出てくるのか書いてみたい。

第三話　消える魔球

野球盤ゲーム

小学生の頃、よく野球盤で友だちと遊んだ。パチンコ玉のようなボールをピッチャーが投げて、もう一人が野球盤に固定されたバットでタイミングよく打ち返すというゲームである。ところが、このゲームのピッチャー側には、秘密兵器の「消える魔球」が用意されている。これは野球盤のホームベースの前に切れ込みがあり、それが下がって、ボールが床下に消えてしまうというものである。これをやられるとバッター側はもうお手上げだ（消える魔球をボールが落ちる前に無理矢理打つという強者もいるにはいたが……）。野球の勝負の醍醐味が、いかにピッチャーの球にタイミングを合わせて打ち返すか、だとするなら、消える魔球はその勝負にどっかのおっさんの茶々が入るような仕組みである。なんで、こんな「おっさんの茶々」を許すような仕組みになっているのだろうと思わないでもないが、野球盤に「消える魔球」が登場して以来、なくなることなく現在に至っており、どこか人の心を魅了する部分があるのだろう。

「正しい」こととは？

科学というと、この世にある法則や原理の発見など、世界の真理や真実を解き明かしていくというイメージが強いものである。しかし、この世の真実、つまり「正しい」こととは、一体、何なのか？　以下、屁理屈のような話が続くことになるが、これは実際、単純な話ではない。たとえば「リンゴが木から落ちる」という現象がある。これはニュートンが万有引力を発見したきっかけとなったとされる「由緒正しい」物理現象であるが、この「リンゴが木から落ちる」というのは〝正しい〟のだろうか？　もし、〝正しい〟とするなら、それはどうしてそう言えるのだろう？

人間が把握できることというのは、基本的に経験から来ており、「リンゴが木から落ちる」ことが正しいと信じられているのは、リンゴを枝から切り離せば地上に落下するということを、これまでずっと人類が経験してきたからである。そして、そこからニュートンは、万物はすべて互いに引き合っているという、「リンゴと地球」の関係だけに留まらない、たとえば星と星の関係のような、より一般的な現象に適用できる「万有引力の法則」を発見した。そしてそれが今では物理学上の「正しい」法則と信じられている。この例は科学的な「正しさ」についての非常に重要な二つの考え方を含んでいる。

一つは「繰り返し起こることは法則化できる」という考え方である。そして、もう一つは「法則化できたことは、他の現象にも応用できる」という考え方である。これらは「帰納法」および「演繹法」と呼ばれる論理であり、科学を支える非常に重要な考え方となっている。リンゴはいつ見ても、木から切り離されれば、地面に落ちるし、それを地球とリンゴが引っ張り合った結果と考えると、より多くの現象にも同じ考え方を適用できるようになる。実際、その法則を使えば、惑星や彗星の動きまで正確に予測できるようになるのだから、それは確かに素晴らしいことである。

しかし、帰納法というのは単純な理屈の上から言えば、さほど根拠がしっかりした考え方という訳でもない。たとえば、昨日、阪神が勝っていたとする、そしてなんと今日も勝っているではないか。帰納法が成り立つなら、明日も勝つし、明後日も勝つ。おお、秋には道頓堀だ〜！ という理屈が成立するか、という話である（ちょっと違うか？）。これまでそうだったから、この先も必ずそうなるという論理は、一般的には成立しない。では、リンゴはいつ見ても地面に落ちるが、それはこれまでの観測ではそうであっただけで、この先、落ちないことが起こる可能性はまったくないのだろうか？　ないと言うなら、どうしてそう言えるのだろう？

実は帰納法と演繹法が世界を説明する論理として成り立つためには、重要な前提がある。それはこの世界は同じことをすれば、同じ結果が返ってくるようにできている、という仮定である。別の言葉で言うなら、この世は、ある種、機械的な「法則」により支配されているという仮定だ。この前提で考えれば、事例を集めて「法則」の発見にたどり着けば、その後はすべてそれに従って現象を説明・予測できることになる。この前提は「神々が支配していた世界」から、人類の理性で世界を説明できるとする「理性が支配する世界」へのパラダイム転換に伴って得られたものであり、現代科学の根幹となっている。この前提が絶対的に正しいのか、それは誰にも分からない。ただ、それに基づいて構築された近代の科学は、この世の多くのことを説明・予測するのに成功し、実際に役立ってきた。この世には消える魔球もおっさんの茶々もなく、同じことをすれば、同じ結果が返ってくるようにできている、だから世界は説明できる、と現代人は信じている。私も科学の世界に身を置く者の一人として、大筋での世界観に異論を持つ訳では、もちろんない。そう、だからリンゴは木から落ちてきたし、今からも落ち続けるはずなのだ。

おっさんは生きている

しかし、少しだけ待って欲しい。本当にリンゴはこの世でいつも同じように地面に落ちるだろうか？　物理学では地球上における物体の落下速度（v）は、初速が0であれば、v=gt（gは重力加速度、tは時間）で与えられるとされる。だが、地球上のどこでリンゴを落としても、この公式通りにリンゴは落下などしはしない。それは空気抵抗があるからである。もっと言えば、たとえば台風の風で落ちるリンゴを見てみよう。場合によっては、リンゴは落下どころか風に飛ばされ舞い上がるかも知れない。こんなことを書いていたら、何をバカなことを言っているのだ、そんなことは当たり前ではないか、重力加速度通り（法則通り）の速度を計測したいのなら、真空条件でやらないといけないに決まっているだろうと、物理学の先生に笑われるのがオチである。しかし「そんなバカなこと」を大真面目にやっているのが、同じ科学と言っても、たとえば生命科学である。

それはどういう意味か？　一例を挙げれば、あるウイルス病の薬としてウイルスの細胞への侵入部位であるレセプターとウイルスの結合を阻害する薬があったとしよう。ウイルスとレセプターとその薬だけを試験管内で混ぜれば、なんと百発百中結合を阻害する。すごい薬ができたと、喜んで患者にその薬を投与してみたら、10％の人にしか効果がない、というようなことが、普通に起こるのだ。つまり「法則」的な意味では（試験管の中では）100％効果がある薬の効き目に「茶々を入れるおっさん」が、現実の人間の体の中にはいる。「消える魔球」のように薬の効果が消えてしまうのだ。

その理由は、たとえば、せっかくの薬を分解して体外に排出してしまう酵素の力であったり、薬を患部までうまく運べないという問題であったり、薬の効きを阻害する物質が細胞の中にあったり、あるいはウイルスのレセプター自体に人によって微妙に異なったいくつかの種類があったり、といったような様々なことである。そういった多くの要素が、その個人の持つ遺伝子のタイプ、年齢や性別、あるいは食べ物や環境といったものたちの影響を受けて、患者一人一人で違っている。その影響で薬の効き目も違ってくる。それは本来、地球の中心に向けて重力加速度に基づき真っ直ぐに落下するはずのリンゴが、現実の世界では空気抵抗や台風の風で、理論通りには落ちてないことと、基本的には同じである。

それじゃ、リンゴの落下実験で真空にしたように、細胞の研究でもそういった撹乱要因を取り り除けばいいじゃないか、複雑な現象を単純化して、その中にある「法則」を見つけ出すのが科学じゃないか、そう言う人もいるだろう。まったくもって、ごもっともな意見である。しかし、この問題が深刻なのは、現実の生物・細胞を使った研究などでは、撹乱要因の数があまりに多く、それらを完全に排除した状態を作ることが、実務上、不可能に近いという点である。あちらこちらに「おっさん」がいて、茶々を止めないのだ。

また、もう一つの問題は、そういった撹乱要因を取り除けば取り除くほど、〝現実〟から離れていってしまうというジレンマである。極端な話、試験管の中でウイルスとレセプターと薬のみを入れれば、「科学的な真理」を得られるかも知れないが、人に投与して効き目がなければ、そんな「真理」は役に立たない。ニーチェは、『ツァラトゥストラはかく語りき』で「神は死んだ」と宣言したが、どっこい「茶々を入れるおっさん」は生きている。それが現実の世界であり、そこで通用する科学は茶々の存在を前提にしたものでなければならない。

二つの科学

この「おっさんの茶々」問題は、科学を考える上で、実は一つの重要なポイントである。最初に書いたように科学的な物の考え方の基礎には、この世界は「法則」に支配されており、同じことをすれば同じ結果が返ってくるという前提がある。そうであるなら、「正しい」ことというのは、1足す1が2になるように、常に〝100%正しい〟ものとして与えられるはずである。しかし、現実の世界では、同じことをしても同じ結果が返って来ない（正確に言えば、まったく同じ条件を2度作ることが現実的にできない）。

従って、そういった現実的な問題に対する科学的な知見というのは、「これまでどれくらい、この薬の使用例があり、そのうちどのくらいの人で効果がありました」というような統計学的なものにならざるを得ない。つまり「この薬はこの人のこの病気に効くのか？」といった現実的な命題に対する科学的な回答というのは、たとえば「60％の確率で効果がある」というような確率的なものになってしまう。Ｙｅｓ／Ｎｏで答えるとするなら「分からない」である。

批判を承知で単純化して言えば、科学には実は性格の異なった二つのものがあるのだ。一つはこの世の真理を求め、単純化された条件下で100％正しいような法則を追い求めるもの。そしてもう一つは元来〝100％の正しさ〟などあり得ない、茶々を前提とした、より現実的なものである。このかなり性格の異なった二つのものが、「科学」という名の下でごっちゃになっている。特に前者の「科学」が持つ、この世界の真理や真実を解き明かしていくというイメージは、あたかもその対象が何であっても「正しい」ことと「正しくない」ことを判定し、明確な回答を与えてくれるような期待を抱かせる。

しかし、実情を言えば、一般に思われているより遥かに多くの「科学」が後者のグループに属している。特に、人の生活に密接に関連するような話は、ほとんどがそうである。つまり「100％の正しさ」など元々ない。

だから、低線量被曝や残留農薬の問題でも、「絶対安全なんですか？」という問いに対しては、「大体、安全です」と答えるのが関の山である。「大体って、何ですか。もしうちの子供ががんになったら、どうしてくれるんですか！」と怒られたら、もうお手上げだ。おっさん、お前のせいやぞ。

第四話　無限と有限

跳ね返り係数

高校生だった頃、物理の授業でボールを高い所から床に落とすと、跳ね返ってくるが、その高さは跳ね返り係数の2乗を乗じた値になり、徐々に低くなって最終的には静止すると教わった。この説明に、私はどうしても納得がいかなかった。なぜなら跳ね返り係数は1より小さいが0ではなく、何回乗じた所で、戻って来る高さはゼロにはならないはずだからである。人の目にはっきり分からないだけで、ボールは実はとても細かく振動を続けているのではないか、そう思った。教師に質問してみると、「お前は数列の収束を知らないのか？　0から1の間の数字を無限に乗じれば、それはゼロになるだろ」と説明されたが、無限に乗じるという行為と、目の前でボールが静止するという現象がどうしても同じとは思えなかった。第一、無限に乗じるということは、無限に跳ね返るということと同義ではないのか？

位置エネルギーが運動エネルギーに変わり、物質は加速度を得て落下してくる。その位置エネルギーが大きければ（つまり高い所から落ちてくれば）、ボールは何度も大きく跳ね上がるが、それは基本的には位置エネルギーと運動エネルギーの相互変換という物理法則に則った強い因果性に基づいた動きの繰り返しである。しかし、その運動を繰り返すうちに、跳ね返り係数で表されたエネルギーの散逸により、徐々に位置エネルギーもなくなり、動いているのか、止まっているのか、分からない状態になっていく。理想条件ではない現実の世界においてそのような状態になれば、それまでボールの動きに対して主要な働きをしていなかった、いろんな力が目に見えて姿を現すようになる。それは大気圧や床の微妙な振動といった、より小さな力たちだ。たとえボールが位置エネルギーと運動エネルギーを相互に変換する跳ね返り運動を、実はくじけず続けようとしていたとしても、それまでは弱くて無視できた微小な力・因果律の作用が大きくなり、最終的にはその周期的な運動はかき消されてしまうことになるのだろう。

強い因果律や強い力が、消え去った時に、初めて見えてくるものが、この世には多く存在している。私はこのことが、何かとても大切なことを教えてくれているような気がして仕方がない。

農薬はなぜ「大体、安全」か?

前話で、科学的な知見を不確かにしてしまう「おっさんの茶々」について書いた。ここでは農薬問題を題材として、前話と関連しているが、また少し違う視点から科学的な知見を不確かにしてしまう要素について考えてみたい。

かつては多くの死亡事故や環境汚染を引き起こし、負のイメージが強く残っている農薬であるが、実際にはその反省から長年にわたる多くの改善への努力が費やされてきている。農薬毒性の検査項目も次々と増えて、現在では急性毒性、慢性毒性、発がん性、環境への影響や残留性を含めた30項目あまりの検査が行われている。非常に多岐にわたっており、かなり慎重に調べられていると言って良い。

「病原菌を殺す薬が、人間に無害なはずはない」という危惧もよく聞くし、それを頭ごなしに否定することもできないが、たとえば病院で処方される抗生物質は「病原菌を殺して、人には害がない(害が少ない)」ものである。従って、抗生物質と同じくらい安全な農薬は存在し得る理屈になるし、実際、指標的には現在の農薬の多くは抗生物質よりも危険性が少ないものばかりである。そういう意味で、使用基準を守ればすでに農薬は充分「大体、安全」である。

では、どうして「絶対安全」とは言えないのか。それはやはり危険性を完全には調べ切れていないからである。いくつかの問題点があるが、代表的なものとしては他の物質と混合した際の危険性が挙げられる。食べ物で言えば、天ぷらとスイカのような「食い合わせ」問題と似ている。

現在の安全性試験は対象の農薬を単独で供試しており、たとえば実際の現場で混じる可能性のある殺菌剤と除草剤であっても、混合物の毒性は原則的に調べられていない。消費の場で考えれば、アルコールを飲みながら、農薬が残留した食品を食べたらどうなるのか、といった問題とも言える。これがなぜ調べられていないのかと言えば、農薬会社が悪巧みをしているからではなく、可能性が多すぎて現実的に調べ切れないからである。

たとえば現在日本で登録されている農薬の有効成分だけで５００種類以上ある。これら2個の組み合わせだけで10万を超える数になる。では、三つ以上の組み合わせは調べなくても良いのか？　食品添加物や食物成分との組み合わせはどうだ？　少し想像していただければ分かるが、もうお手上げだ。

この問題は医薬品や食品添加物でも事情は同じであり、ある化合物単独の毒性は調べられても、混合された際の毒性は組み合わせが多すぎて、現実的に検査対象となっていない。やれることはやっているが、現実的にやれないことは残念ながらやれない。だから、「絶対、安全ですか？」と訊かれると、「大体、安全です」と答えるしかないのである。

確率と統計の限界

これはある意味、科学の持つ宿命である。安全性のような実証が求められる対象では、検査は一定の条件下でやらざるを得ない。しかし、「条件」というのは現実の社会では無限に異なったものがあり、厳密に考えれば一定の条件下の結果が、他のすべての条件下で真であるという論理的な保証はない。今回の例で言えば、混合物という多様な「茶々」が入ることで結論が変わってくる可能性を否定できない。

こういった「茶々」を前提とした現実的な問題に対しては、前述したように科学は確率という考え方を用いて把握を試みるが、対象となる事象の発生する確率が一定の限界より低い場合には、それがあまり有効に機能しないという問題が発生する。たとえば、ある農薬Aとパプアニューギニアの山岳地方に住む少数民族が使っている香草に含まれるBという物質が混じったら、100%がんを誘発するというようなことが仮にあったとしても、一体、いくつのサンプルを集めれば、そんな例が解析に含まれてくることになるのか想像できない。

また、そこまで極端な例でなくとも、たとえば100人に一人の割合で持つヒトの遺伝子型(仮にxxとする)と農薬Aの組み合わせで、がんの発生率が上昇するということがあったとしよう。農薬Aに発がん性があるか調べようと思えば、農薬Aを摂取した集団と摂取していない集団の間で、発がん率に差があるのか統計解析することになるが、xxの遺伝子型を持つ人が100分の1の確率でしか存在しなければ、その影響を検出することは極めて難しい。なぜなら、がんの原因には紫外線、放射線、食べ物や嗜好品(タバコ・アルコール)、他の遺伝子型、ウイルス感染など様々なものがあり、たくさんの人たちを解析対象としていると、そういった他の要因で発生するがんの方が明らかに多く、1000人に一人しかない遺伝子型xxと農薬Aの組み合わせによるがん発生率の上昇など、誤差の中にかき消されてしまうからだ。これが1000人に一人といった頻度の事象になれば、もう見つかる可能性はないと言って良い。

結局、遺伝子型xxの人だけを対象に検査をすれば、科学的にはっきりと証明できる農薬Aと発がんの因果性が、その出現頻度が低いが故に現実的になかなか検出できないということが起こり得る。遺伝子型xxを持つ人にとってみれば、農薬Aの発がん性は深刻な問題であるはずだが、誰かがその特殊な関係性に気づき、そこに着目して研究しなければ、その因果性が発見されることはないのである。

科学で多用されている統計解析で採用されている危険率（正しい仮説を捨ててしまう可能性）は5%もしくは1%以下というのが標準的なものであり、大雑把に言えば100人に一人以下というような稀な事象になれば、科学的には「無視できるもの」として処理されてしまうことになる。言葉を変えれば、現実に存在する「無限」の可能性はとても手に負えない人間が、「有限」の試行回数で世界を理解するために生み出した知恵が〝科学的〟と呼ばれている手法であり、そこにはその網からもれてしまうリスクが常に存在する。だから、どんな対象であっても「ゼロリスク」を求められると、科学的にはそれに応えられないというのが普遍的な結論である。

因果律と偶機

つまり科学と呼ばれる体系は、原則的に〝現実〟の中から抽出した、出現頻度が高く、強い因果律の集まりで構成されているものになる。農薬問題で言えば、かつての農薬のように、池に流れたら魚がプクプクと浮いてくる、ちょっと間違ったらすぐに死亡事故につながる、そんな明確な原因と結果の関係が科学の主要なフィールドである。そういった科学の力が効果的な領域にあるリスクは比較的容易に把握が可能であるし、多くの場合、実際に対策が施されることになる。

しかし一方、何かと混じったら危険になるかも知れないといった話は、非常に確率の低いリスクの集合体である。どんな物質と混じるのかは偶然に左右されるし、その中に危険性が生じる組み合わせがあるのかないのかすら判然としない。それは、科学の対象となる「強い因果律」から少し離れた、「偶機」のようなものが支配している領域とのはざまに存在しているリスクである。

現実の世界は、この「因果律と偶機」の得も言われぬグラデーションから成り立っている。たとえば気象学が発展して、台風の進路が予測できるようになったとしても、その風であなたの家の窓が割れるかどうかまでは分からない。遺伝子診断で生まれてくる子どもの病気のリスクは分かるようになっても、その子が将来どんな人に恋をするのかは分からない。明らかに分かることから、サイコロの目のような偶然に左右されることまで、様々な性質を持った事象がこの世には存在している。そして、それらは偶然か必然かという二分法で区別できるものではなく、その間で緩やかなグラデーションを描いて存在しているように思えるのだ。

もし、人間に「無限」を把握できる能力が与えられていれば、この世界から「偶然」はなくなるのかも知れない。しかし、それは「有限」の世界で生きている人間には所詮叶わぬことであり、この世界にある様々な関係性の中から「強い因果律」を抽出するのが、実際には精一杯なのである。そういった科学の営みにより、かつては「闇」の中の「偶然」に過ぎなかったことが、次々と「必然」へと変わっていっている。それも確かなことであろうが、現在の科学が、弱い、あるいは出現頻度が低い因果律に対しては、十分にその有効性を発揮できない傾向にあることも、否定しがたい事実である。

この世界は、分かりやすい強い因果性と稀にその姿を現す無数の弱い因果性が、複雑に交じり合って成り立っている。そして、この世に実際に姿を現すものとは、決して強い力によって支配されたものばかりではない。それは時に科学が無力になってしまうことが起こりうることを意味している。

そして、またそれは我々の人生や運命が、その人の持っている才能や意思のような影響力の「強い力」だけではなく、よく分からない「弱い力」の集合体——それは「運」とか「縁」といった名前で呼ばれるもの——によって、時に左右されてしまうことと、どこか通じているように思うのである。

第五話　科学と似非科学

次々と現れる「新しい」生き物

生物にさほど詳しくない人でも、プランクトン、酵母、乳酸菌、コウジカビ、粘菌、そんな小さな生き物（微生物）たちの名前を一つくらいはどこかで聞いたことがあるだろう。彼らは、地球上のあらゆる所に潜んでおり、畑の土をひとつまみすれば、その中には地球上にいるすべての人間の数より多い微生物が棲んでいるとも言われている。

しかし、かつて世界には動物と植物しかいなかった。あえてそれにもう一つ足すとすると、それは鉱物だった。

「分類学の父」と称されるカール・フォン・リンネは18世紀に活躍したスウェーデン生まれの博物学者である。リンネの最大の功績は、自然界にある様々な存在に体系的な分類を初めて試みたことである。彼は1735年に動物・植物、そして鉱物の三界を整理した『自然の体系』の第一版を出版した。その後その体系に改良を重ね、生物の学名を属名と種小名の2語のラテン語で表す二名法や、種より上位の分類単位である綱、目、属などを設けることにより階層的な構造化を生物分類に導入すること等を提唱した。彼の提示した基本概念は、現代生物学の分類にもそのまま引き継がれており、分類学の重要な基盤となっている。

しかし、冒頭に述べたように彼が活躍した時代、世界に生物は動物と植物しかいなかった。その当時、微生物は地球上に存在しなかったのか？　もちろんそんなことはない。実際、リンネが生まれる前の17世紀末には、オランダのレーウェンフックによって微生物の一種である原生生物や細菌がすでに発見されていた。ただ、レーウェンフックの作った顕微鏡は、極めて高度なレンズ作製技術を持つ彼の手作り品であり、誰でも持っているようなものではなかった。その当時、顕微鏡は一部の貴族や裕福な人たちだけが持つ不思議な鏡、そう「万華鏡」のような存在であり、レーウェンフック自身が「人々のあいだでは、私のことを魔法使いだと言っていますし、私がこの世には存在しない物を見せているとも言っています」（『レーベンフックの手紙』クリフォード・ドーベル著　天児和暢訳）と述べている。実際、レーウェンフックの死後1世紀ほどの間、彼のお手製の顕微鏡をしのぐ性能を持った顕微鏡や、彼のような情熱を持って微生物に取り組む研究者はなかなか登場せず、微生物学は長きに亘り停滞することになる。

だから、その当時の世界には動物と植物しか存在しなかった。科学は人間の認識できるものに基づいて構築されており、リンネの時代には肉眼で見えない微生物は人々にきちんと認識されていなかったのだ。微生物学が本格的な胎動を始めるのは19世紀に入り高性能な複式顕微鏡が普及するようになってからのことである。その19世紀には酵母によるアルコール発酵の発見に端を発して、様々な発酵反応が微生物の力によって起こることが知られるようになり、後半に入るとロベルト・コッホにより「感染症は病原性微生物によって起きる」ことが明らかにされ、医学にも大いに応用されることになる。このような微生物学の発展に伴い、微生物と一口に言っても、その中には真核生物も原核生物もおり、様々な種類の生き物が含まれていることが分かってきたのだ。

そして世界には、動物界、植物界に加え、細菌のような原核生物からなるモネラ界、単細胞の真核生物を中心とした原生生物界、キノコや酵母等を含む菌界が現れた。１９６９年にホイタッカーが提唱した五界説の登場である。五界説は感覚的な理解が容易であることから広く受け入れられ、教科書にも登場するよく知られた説であるが、残念なことに科学的な結論から言えば、その寿命も決して長くはなかった。現在の知見から言えば、「その当時、世界には五界しか存在しなかった」ことになる。リンネの時代と同じことが、また起こったのだ。

科学は人間の認識できるものに基づいて構築されており、この説が提唱された１９６９年には、顕微鏡を用いた形態観察やその生物がどのように自然界で栄養を摂取しているかといった観点に基づき、生物を５つに分けるのが妥当だったと言える。しかし、そこにかつての顕微鏡のように登場したのが、生物の持つ遺伝子配列（ＤＮＡ配列）を決定できるシークエンサーという機器（技術）である。

現代の生物学ではその生物が持つＤＮＡ配列に基づいて分類する分子系統解析と呼ばれる手法が主流となり、これにより五界説はあえなく瓦解した。モネラ界（原核生物）は、古細菌と真正細菌に大きく二分され、真核生物では動物界と菌界（キノコ・カビ・酵母等）が統合された。菌界に含まれると考えられていた粘菌は、分子系統解析の結果、別グループとなり、今ではカビと粘菌より、カビとヒトの方が親戚、同じ仲間である。

現在の生物の大分類はまだ混乱の中ではあるが、２０１２年の報告によれば、かつての界に相当するような大きな生物群が、少なくとも７つは存在することになる。そしてその数はまだ増える可能性を持っている。

科学の外に広がる〝未知の世界〟

大学に職を得て赴任したての頃、研究室の教授に「自分の分野について何でも知ってるという顔をする専門家は信用するに足らない。どこまでが分かっていて、どこからは分かっていないことなのか、きちんと説明できるのが本当の専門家だ」と言われたことを、今でも印象深く憶えているが、科学である程度「分かっている」と言える領域の外には、広大な〝未知領域〟が実際には存在している。そのことをこの生物分類の歴史は端的に物語っている。

当たり前のことであるが、現在の科学が世界のすべてを把握している訳ではない。

顕微鏡が考案されれば、今まで見えなかったものが見えてくる。シークエンサーが発明されれば、顕微鏡では見えない遺伝子に刻まれた生物進化の痕跡が見えてくる。そういった認識できる情報が増えれば増えるだけ、それに基づいた科学の常識、それが支配できる領域も変わっていく。

しかし、現状の科学で認識できないことが、必ずしもこの世に存在しないことを意味しないのなら、では一体、何が〝科学的〟で、何が〝非科学的〟なものなのだろう？　ＵＦＯや超能力や地底人だって、将来的に科学になる可能性はないのだろうか？　レーウェンフックも、かつて「魔法使い」と言われていたそうではないか？

実は、そうなのだ。これは非常に厄介な問題であり、ある意味、本質的な問いなのかも知れない。現在、科学の支配が及んでいない未知な領域にも、間違いなく〝この世の真実〟は存在している。実際、科学の最先端で試されている仮説の数々も、そういった未知領域に存在しているとも言えるし、長い歴史は持つものの西洋科学の体系には必ずしも収まっていない東洋医学なんかも、少なくとも部分的にはそうだろう。また、「似非（えせ）科学」と非難めいた名称で呼ばれている分野も、その一部はこの領域の住人と言って良い。

そういった「科学」とも「非科学」ともつかない〝未知領域〟は、この世にかなり広大に広がっているし、そこには有象無象の海の物とも山の物ともつかないようなものたちが蠢いている。それらのうちのいくつかは将来、科学の一部となっていくこともあるだろうが、だからと言って、味噌も糞も一緒で、本当に何でもありで良いのか、これもまた疑問である。

どこまでが「科学」か

この難問に対して、とても科学的な人たちは「科学的に実証されたものだけを信用すべき」という考え方をとり、それが科学者としてとるべき態度のように評されることも多い。私自身はそういった石鹼の香り漂うような、清涼感溢れる考え方に、どこか違和感を持ってしまう方ではあるが、「似非科学」と呼ばれるような胡散の香り漂うものに傾倒する危険性も軽視できないことは理解している。

その最大の問題点は、実証されたものに比べて、実証されていない領域ははるかに大きく、一旦、根拠のはっきりしないものを受け入れる精神構造ができてしまうと、どこまでもその対象が広がり、根拠なき後退と言うか、根拠なき前進と呼ぶべきか、そのような「果てしなく飛躍する論理」とでも形容されるべきものに飲み込まれてしまいかねないことである。根拠が薄弱なものに対して、信じる/信じない、の二者択一や、「そうであったらいいな」的な、安易な希望的観測を持って傾倒していくことはやはり危険なことである。特に根拠を問うことが許されないような「神秘性」を強調するものには警戒が必要であろう。

しかし一方、現在の科学の体系の中にあるものだけに自分の興味を限定してしまうことも、真の意味で科学的な態度ではないはずである。科学の根本は、もっと単純に自分の中にある「なぜ?」という疑問に自らの頭と情熱で挑むものではなかったろうか。その興味の対象が、現在「科学的」と呼ばれているかどうかなど、実に些細な問題である。

科学の歴史はこれまで述べてきたように、未知領域の中から新たな科学的真実が次々と付け加えられてきた歴史でもあり、それは挑戦と不確かな仮説に満ちたものだった。何を興味の対象としているかによって、科学と似非科学との間に境界線が引ける訳ではないのだ。

科学と似非科学の境界線

もし、科学と似非科学の間に境界線が引けるとするなら、それは何を対象としているかではなく、実はそれに関わる人間の姿勢によるのみなのではないかと私は思う。「非科学的な研究分野」というものが存在するのかどうかは私には分からないが、「非科学的な態度」というのは明白に存在している。科学的な姿勢とは、根拠となる事象の情報がオープンにされており、誰もが再現性に関する検証ができること、また、自由に批判・反論が可能であるといった特徴を持っている。

一方、根拠となる現象が神秘性をまとって秘匿されていたり、一部の人間しか確認できないなど、再現性の検証ができない、客観性ではなく「生命は深遠で美しい」のような誰も反論できないことで感情に訴える、批判に対して答えないあるいは批判自体を許さない――そういった特徴を持つものも、現代社会には分野を問わず（政治家等も含めて）、あまた存在している。

この二つの態度の本質的な違いは、物事が発展・展開するために必要な資質を備えているかということである。科学的と呼ばれようが、非科学的と呼ばれていようが、この世で言われていることの多くは不完全なものである。だから、間違っていること、それ自体は大した問題ではない。間違いが分かれば修正すれば良い。ただ、それだけのことだ。

しかし、そういった修正による発展のためには情報をオープンにし、他人からの批判、つまり淘汰圧のようなものに晒されなければならない。最初はとんでもない主張であっても、真摯に批判を受ける姿勢があれば、修正できるものは修正されていくだろうし、取り下げるしかないものは、取り下げられることになるだろう。この修正による発展を繰り返すことが科学の最大の特徴であり、そのプロセスの中にあるかどうかが、科学と似非科学の最も単純な見分け方ではないかと、私は思っている。

第六話　科学は生きている

科学と生命

科学と生命は、実はとても似ている。それはどちらも、その存在を現在の姿からさらに発展・展開させていく性質を内包しているという点においてである。その特徴的な性質を生み出す要点は二つあり、一つは過去の蓄積をきちんと記録する仕組みを持っていること、そしてもう一つはそこから変化したバリエーションを生み出す能力が内在していることである。この二つの特徴が漸進的な改変を繰り返すことを可能にし、それを長い時間続けることで、生命も科学も大きく発展してきた。

だから、と言って良いのかよく分からないが、科学の歴史を紐解けば、たくさんの間違いが発見され、そして消えていった。科学における最高の栄誉とされるノーベル賞を受賞した業績でも、後に間違いであることが判明した例もある。たとえば１９２６年にデンマークのヨハネス・フィビゲルは、世界で初めて「がん」を人工的に引き起こす事に成功したという業績で、ノーベル生理学・医学賞を受賞した。しかし、彼の死後、寄生虫を感染させることによって人工的に誘導したとされたラットの「がん」は、実際には良性の腫瘍であったことや、腫瘍の誘導そのものも寄生虫が原因ではなく、餌のビタミンA欠乏が主因であったことなどが次々と明らかになった。

ノーベル賞を受賞した業績でも、こんなことが起こるのだから、多くの「普通の発見」であれば、誤りであった事例など、実は枚挙にいとまがない。誤り、つまり現実に合わない、現実を説明していない仮説が提出されることは、科学において日常茶飯事であり、2013年の『ネイチャー』誌には、医学生物学論文の70%以上で結果を再現できなかったという衝撃的なレポートも出ている。

しかし、そういった玉石混交の科学的知見と称されるものの中でも、現実をよく説明する「適応度の高い仮説」は長い時間の中で批判に耐え、その有用性や再現性故に、後世に残っていくことになる。そして、その仮説の適応度をさらに上げる修正仮説が提出されるサイクルが繰り返される。それはまるで生態系における生物の「適者生存」のようである。ある意味、科学は「生きて」おり、生物のように変化を生み出し、より適応していたものが生き残り、どんどん成長・進化していく。それが最大の長所である。現在の姿が、いかに素晴らしくとも、そこからまったく変化しないものに発展はない。教条主義に陥らない〝可塑性〟こそが科学の生命線である。

確度の問題

しかし、このことは「科学が教えるところは、すべて修正される可能性がある」ということを論理的必然性をもって導くことになる。科学の進化し成長するという素晴らしい性質は、その中の何物も「不動の真理」ではない、ということに論理的に帰結してしまうのだ。たとえば夜空の星や何百年に1回しかやってこない彗星の動きまで正確に予測できたニュートン力学さえも、アインシュタインの一般相対性理論の登場により、一部修正を余儀なくされている。法則中の法則とも言える物理法則でさえ修正されるのである。科学の知見が常に不完全ということは、ある意味、科学という体系が持つ構造的な宿命であり、絶え間ない修正により、少しずつより強靭で真実の法則に近い仮説ができ上がってくるが、それでもそれらは決して100%の正しさを保証しない。

より正確に言えば、もし100%正しいところまで修正されていたとしても、それを完全な１００％、つまり科学として「それで終わり」と判定するようなプロセスが体系の中に用意されていない。どんなに正しく見えることでも、それをさらに修正するための努力は、科学の世界では決して否定されない。だから科学的知見には、「正しい」or「正しくない」という二つのものがあるのではなく、その仮説がどれくらい確からしいのかという確度の問題が存在するだけなのである。

科学的知見の確からしさ

では、我々はそのような「原理的に不完全な」科学的知見をどう捉えて、どのように使っていけば良いのだろうか？　一体、何が信じるに足るもので、何を頼りに行動すれば良いのだろう？　優等生的な回答をするなら、より正確な判断のために、対象となる科学的知見の確からしさに対して、正しい認識を持つべきだ、ということになるのだろう。

「科学的な知見」という大雑把なくくりの中には、それが基礎科学なのか、応用科学なのか、成熟した分野のものか、まだ成長過程にあるような分野なのか、あるいはどんな手法で調べられたものなのかなどによって、確度が大きく異なったものが混在している。ほぼ例外なく現実を説明できる非常に確度の高い法則のようなものから、その事象を説明する多くの仮説のうちの一つに過ぎないような確度の低いものまで、幅広く存在している。それらの確からしさを正確に把握して峻別していけば、少なくともより良い判断ができるはずである。

たとえば、近年、医学の世界で提唱されているevidence-based medicine（EBM）という考え方では、そういった科学的知見の確度の違いを分かりやすく指標化しようとする試みが行われている。これは医学的な知見（エビデンス）を、調査の規模や方法、また分析手法などによって階層化して順位付けし、臨床判断の参考にできるように整備することを一つの目標としている。同じ科学的知見と言っても、より信頼できるデータはどれなのかを判断する基準を提供しようとする、意欲的な試みと言えるだろう。

しかし、こういった非専門家でも理解しやすい情報が、どんな科学的知見に対しても公開されている訳ではもちろんないし、科学的な情報の確度というものを単純に調査規模や分析方法といった画一的な視点で判断して良いのか、ということにも、実際は深刻な議論がある。一つの問題に対して専門家の間でも意見が分かれることは非常に多く、そのような問題を非専門家が完全に理解し、それらを統合して専門家たちを上回る判断をすることは、現実的には相当に困難なことである。

忍び寄る権威主義

こういった科学的知見の確度の判定という現実的な困難さに忍び寄って来るのが、いわゆる権威主義である。たとえばノーベル賞を取ったから、『ネイチャー』に載った業績だから、有名大学の教授が言っていることだから、といった権威の高さと情報の確度を同一視して判断するというやり方だ。この手法の利点は、なんと言っても分かりやすいことで、現在の社会で「科学的な根拠」の確からしさを判断する方法として採用されているのは、この権威主義に基づいたものが主であると言わざるを得ないだろう。

もちろんこういった権威ある賞に選ばれたり、権威ある雑誌に論文が掲載されるためには、多くの専門家の厳しい審査があり、それに耐えてきた知見はそうでないものより強靭さを持っている傾向が一般的に認められることは、間違いのないことである。また、科学に限らず、音楽家であろうが、塗師であろうが、ヒヨコ鑑定士であろうが、専門家は非専門家よりもその対象をよく知っている。だから、何事に関しても専門家の意見は参考にすべきである。それも間違いない。多少の不具合はあったとしても、どんな指標も万能ではないし、権威主義による判断も分かりやすくある程度、役に立つなら、それで十分だという考え方もあろうかと思う。

しかし、なんと言えばよいのだろう。かつてアインシュタインは「何も考えずに権威を敬うことは、真実に対する最大の敵である」と述べたが、この権威主義による言説の確度の判定という手法には、どこか拭い難い危うさが感じられる。それは人の心が持つ弱さと言えばいいのか、人の心理というシステムが持つバグ、あるいはセキュリティーホールとでも言うべき弱点と関連した危うさである。端的に言えば、人は権威にすがりつき安心してしまいたい、そんな心理をどこかに持っているのではないかと思うのだ。拠りどころのない「分からない」という不安定な状態でいるよりは、とりあえず何かを信じて、その不安から逃れてしまいたいという指向性が、心のどこかに潜んでいる。権威主義は、そこに忍び込む。

そして行き過ぎた権威主義は、科学そのものを社会において特別な位置に置くことになる。「神託を担う科学」である。倒錯した権威主義の最たるものが、科学に従事している研究者の言うことなら正しい、というような誤解であり（それはこのエッセイの信頼性もまた然りなのだが……）、また逆に科学に従事する者たちが、非専門家からの批判は無知に由来するものとして、聖典の寓言のような専門用語や科学論文の引用を披露することで、高圧的かつ一方的に封じ込めてしまうようなことも、「科学と社会の接点」ではよく見られる現象である。これまで何度も書いてきたように、科学の知見は決して100％の真実ではないにもかかわらず、である。

こういった人の不安と権威という構図は、宗教によく見られるものであり、「科学こそが、最も新しく、最も攻撃的で、最も教条的な宗教的制度」というポール・カール・ファイヤアーベントの言は、示唆に富んでいる。「権威が言っているから正しい」というのは、本質的に妄信的な考え方であり、いかに美辞を弄しようと、どのつまりは何かにしがみついているだけなのだ。

科学に生命力を与えるもの

また、もう一つ指摘しておかなければならないことは、権威主義が〝科学の生命力〟を蝕む性質を持っていることだ。権威は人々の信頼から成り立っており、一度間違えるとそれは失墜し、地に落ちてしまう。権威と名のつくものは、王でも教会でも同じなのだろうが、この失墜への恐怖感が〝硬直したもの〟を生む。「権威は間違えられない」のだ。また、権威主義者に見られる典型的な特徴が、それを構築する体系から逸脱するものを頑なに認めない、という姿勢である。それは権威主義が本質的に人々の不安に応えるために存在しているという要素があるからであり、権威主義者はその世界観が瓦解し、その体系の中にある自分が信じた価値が崩壊する恐怖に耐えられないのである。

　現代の民主主義国家では、宗教裁判にかけられたガリレオ・ガリレイの地動説のような、権威主義による強権的な異論の封じ込めはもう起こらないと信じたいが、特定の分野において「権威ある研究者」の間違った学説が、その人が存命の間はまかり通っているというようなことは、今もしばしば見られるようには思う。権威主義に陥ってしまえば、科学の可塑性、その生命力が毒されてしまうことは、その意味で、今も昔も変わらない。科学が「生きた」ものであるためには、その中の何物も「不動の真実」ではなく、それが修正され変わり得る可塑性を持たなければならない。権威主義はそれを蝕んでしまう。

そして、何より妄信的な権威主義と、自らの理性でこの世界の姿を解き明かそうとする科学は、その精神性においてまったく正反対のものである。科学を支える理性主義の根底にあるのは、物事を先入観なくあるがままに見て、自らの理性でその意味や仕組みを考えることである。それは何かに頼って安易に「正解」を得ることとは、根本的に真逆の行為だ。


だから、科学には伽藍ではなく、バザールが似合う。権威ではなく、個々の自由な営為の集合体なのだ。〝科学的に生きる〟ことにとっては、〝信頼に足る情報を集め、真摯に考える〟、そのことが唯一大切なことではないかと思う。その考えが正しいか間違っているかは、厳密に言えば答えのない問いのようなものである。それが真摯な営みである限り、様々な個性を持った個々人の指向のまま、生物の遺伝子変異のように、ランダムな方向を持ったものの集合体で良いのだ。

そういった様々な方向で進む人々の中から、より適したやり方・仮説が生き残り、次の世界を担っていく。それが生きている「科学」の姿であり、職業的科学者だけでなく、すべての人がその生き様を通して参加できる〝人類の営み〟ではないかと思うのである。

第七話　科学と非科学のはざまで

嫌な夢を見たことがある。それは沈みゆく船の船室に閉じ込められた夢である。夢の中の自分は気づいたらすでに水に浮かんで泳いでいる。窓もないその部屋の水面から天井までのわずかな空間だけが、自分の生きてゆける場所だ。しかし、少しずつ少しずつ水嵩が増え、その「空間」が奪われてゆく。夜の海だったからだろうか、水は真っ黒で、その形のない真っ黒なものが、硬い船室の壁に徐々に迫ってきて、自分の生きる空間を奪い、その中に飲み込まれそうになる。

とても怖い夢だったので忘れられないが、どうしてあんな夢を見たのか、思い出せない。

※　　　※　　　※

カオスの縁

「カオスの縁」という言葉をご存知だろうか？　この「カオスの縁」とは、1960年代から行われているセル・オートマトンと呼ばれるコンピューター上のプログラムを使った研究が端緒となり提唱された概念である（図4）。とても大雑把に言えば、二つの大きく異なった状態（相）の中間には、その両側の相のいずれとも異なった、複雑性が非常に増大した特殊な状態が現れる、というようなことを指している。

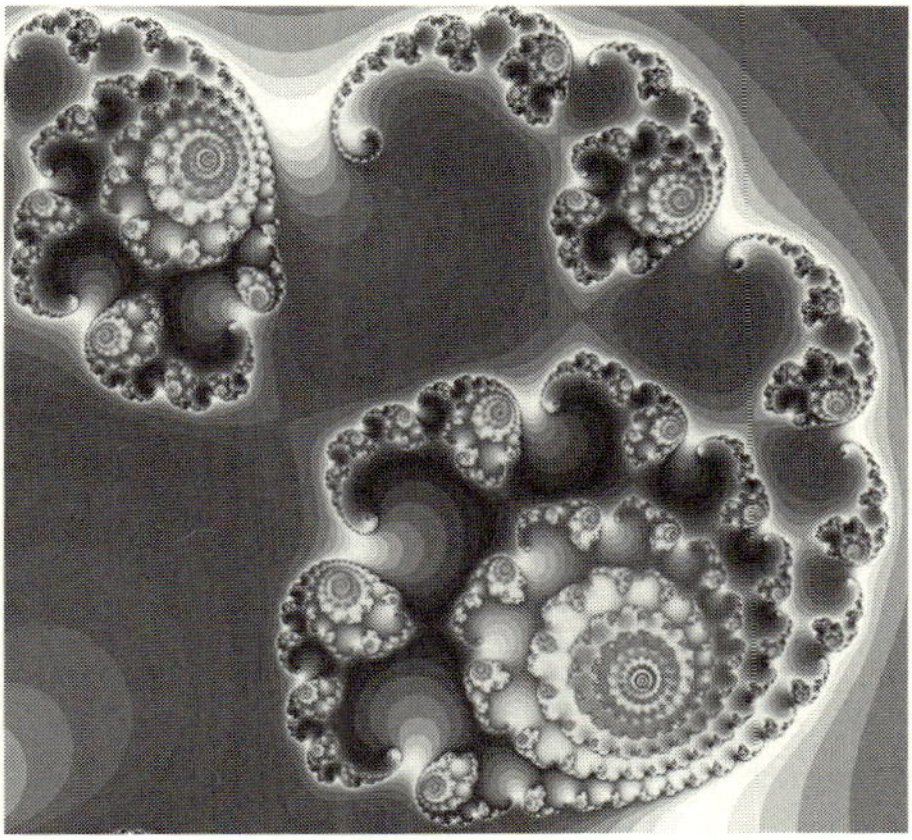

図4．「カオスの縁」で現れるフラクタル図形

　身近なイメージで言えば、〝水〟を挙げられるだろうか。ご存知のように、水は気体・液体・固体という三つの形態をとる。たとえば、気体の水蒸気は水分子の熱運動が大きくなり、各分子が分子同士の結合力の束縛から放たれ、空間の中で自由気まま

に振る舞っている非常に動的な姿である。一方、氷は水分子同士が強固に結合し、各分子は自身が持つ特性に従って規則正しく配列され、理にかなった秩序正しい形を保っている静的な状態だ。

その中間にある液体の、いわゆる〝水〟は、生命の誕生に大きく貢献したと考えられる、柔軟でいろんな物質と相互作用する独特な性質を多数持っている。水蒸気とも氷ともかなり異なった特性である。この〝水〟の状態で水分子が存在できる温度範囲は、宇宙のスケールで考えるなら、かなり狭いレンジであり、実際〝水〟を湛えた星はそうそう見つからない。巨視的に見れば〝水〟は分子同士が強固に束縛された氷という状態から、無秩序でカオス的に振る舞う水蒸気という状態への過渡期にある特殊な状態、すなわち「カオスの縁」にある姿と言えるのかもしれない。

「縁」にたたずむ生命

この「カオスの縁」という現象が注目されたのは、それが生命現象とどこかつながりを感じさせるものだったからである。生き物の特徴の一つは、この世界に「形」を生み出すことだ。それは微視的には有機物のような化学物質であり、少し大きく見れば細胞であり、その細胞からなる我々人間のような個体である。そして、さらに巨視的に見れば、その個体の活動の結果できてくるアリ塚であったり、ビーバーのダムであったり、東京のような巨大なメトロポリスであったりする。

しかし、こういった生物の営みは、自然界ではある意味、例外的なものである。なぜなら、この世界は熱力学第二法則（エントロピー増大の法則）に支配されており、世界にある様々な分子たちは、より無秩序に、言葉を変えればカオスの方向へと、時間とともに向かっているはずだからである。そんなカオスへ向かいつつある世界の中で、「形あるもの」として長期間存在できるのは、一般的に言えば、それを構成する分子間の結合が極めて強いものであり、鉱物や氷といった化学的な反応性に乏しい単調な物質が主なものである。

ところが、生命はそんな無秩序へと変わりつつある世界から、自分に必要な分子を取り入れ、そこに秩序を与え「形あるもの」を生み出していく。その姿はまるで「カオスの縁」にたたずみ、形のないカオスから小石を拾い、河原に積み上げているかのようである。また、その積み上げられる分子の特徴は鉱石などと違い、反応性に富んだ物質が主であり、〝不動〟のものとして作り出されるのではなく、偶発的な要素に反応し、次々に違う複雑なパターンを描くものとして、この世に生み出されてくる。そして、それらは生命が失われれば、また形のない世界へと飲み込まれ、そこへと還っていくのだ。それは分子の、この世界における在り方という視点で考えれば、〝安定〟と〝無秩序〟の間に存在する、極めて特殊で複雑性に富んだ現象である。

また、生命の進化を考えてみよう。進化は、自己複製、つまり「自分と同じものを作る」という生命の持続を可能とする静的な行為と、変異、つまり「自分と違うものを作る」という秩序を破壊する、ある種、危険を伴った動的な行為の、二つのベクトルで成り立っている。現在の地球上に溢れる、大きさも見た目も複雑さもその生態も、まったく違う様々な生命は、その静的・動的という正反対のベクトルが絶妙なバランスで作用する、その〝はざま〟から生まれ出てきたのだ。

生命は原子の振動が激しすぎる太陽のような高温環境では生きていけないし、逆に原子がほとんど動かない絶対零度のような静謐な結晶の世界でも生きていけない。この単純な事実を挙げるまでもなく、様々な意味で生命は秩序に縛られた静的な世界と、形を持たない無秩序な世界の間に存在する、何か複雑で動的な現象である。「カオスの縁」、つまりそのはざまの空間こそが、生命が生きている場所なのである。

世界を形作っていく科学

「生きている」科学にも、少しこれと似た側面がある。科学は混沌とした世界に法則やそれを担う分子機構といった何かの実体、つまり「形」を与えていく人の営為と言える。たとえば、あなたが街を歩いている時、突然、太陽がなくなり、真っ暗になってしまったとする。一体、何が起こったのか不安に思い混乱するだろう。実際、古代における日食や月食は、そんな出来事だった。不吉な出来事の予兆とか、神の怒りとして恐れられてきた歴史がある。

しかし、今日では日食も月食も物理法則により起こる現象であることが科学によって解明され、何百年先の発生場所、その日時さえきちんと予測することができる。それはある意味、人類が世界の秩序を理解し、変わることない〝不動〟の姿を、つかんだということだ。何が起こったのか訳が分からなかった世界に、確固とした「形」が与えられたのだ。

一方、たとえばがんの治療などは、現在まだ正答のない問題として残されている。外科的な手術、抗がん剤、放射線治療。こういった標準治療に加えて、免疫療法、食事療法、鍼灸(しんきゅう)など代替医療と呼ばれる療法などもあるが、どんながんでもこれをやれば、まず完治するというような療法は存在しない。そこには科学では解明できていない、形のはっきりしない闇のような領域がまだ大きく広がっている。しかし、この先どんながんにも効果があるような特効薬が開発されれば、がんの治療にはそれを使えば良い、ということになるだろう。

それは、かつて細菌の感染症に対して抗生物質が発見された時のように、世界に新しい「形」がまた一つ生まれたことを意味することになる。このように人類が科学の力で世界の秩序・仕組みのようなものを次々と明らかにしていけば、世界の姿は固定され、新たな「形」がどんどん生まれていく。それは人類にもたらされる大きな福音だ。

もう一つの「福音」

しかし、また一方、こんなことも思うのだ。もし、そうやって世界の形がどんどん決まっていき、すべてのことが予測でき、何に対しても「正しい」判断ができるようになったとして、その世界は果たして、人間にとってどんな世界なのだろう？　生まれてすぐに遺伝子診断を行えば、その人がどんな能力やリスクを持っているのか、たちどころに分かり、幼少時からその適性に合わせた教育・訓練をし、持っている病気のリスクに合わせて、毎日の食事やエクササイズなども最適化されたものが提供される。結婚相手は互いの遺伝子型の組み合わせと、男女の相性情報の膨大なデータベースに基づいて自動的に幾人かの候補者が選ばれる。

科学がその役目を終えた世界。病も事故も未知もない、そんな神様が作ったユートピアのような揺らぎのない世界に、むしろ「息苦しさ」を感じてしまうのは、私だけであろうか？

少なくとも現時点では、この世界は結局のところ、「分からないこと」に覆われた世界である。目をつぶって何かに、それは科学であれ、宗教であれ、すがりつく以外、心の拠りどころさえない。しかし、物理的な存在としての生命が「カオスの縁」に立ち、混沌から分子を取り入れ「形」を作り生きているように、知的な存在としての人間は、この「分からない」世界から少しずつ「分かること」を増やし、「形」を作っていくことで、また別の意味で「生きて」いる。

だから、世界に新しい「形」が与えられることが福音なら、実は「分からないこと」が世界に存在することも、また福音ではないだろうか。目をつぶってしがみつける何かがあることではなく。

「分かってしまった」世界に、人の選択の余地はない。人はただその「正しさ」に従うだけである。逆に、まったくの混沌の中で、何かを選択してみても、それはただのギャンブルだ。そこに選択の意味はない。分かるとも分からないともつかない「薄闇」のような世界だからこそ、人間の知性や決断に意味が生まれ、そんな確定的でない世界であるからこそ、「アホな選択」もまた許される。いろんな「形」、多様性が花開く世界となるのだ。それは神の摂理のような〝真実の世界〟と、混沌が支配する〝無明の世界〟とのはざまにある場所であり、また「科学」と、まだ科学が把握できていない「非科学」のはざま、と言い換えることができる空間でもある。

その「縁」で、人が何かを形作りながら、時に壊し、作り直しては、また壊す。何がそれをさせているのかも分からない、その生滅の営みが、あの押し寄せてくる形のない真っ黒なものを、少しだけ押し返し、そこに新しい空間を生み出していく。人はその中で初めて〝自分として〟生きていける。何か、そんなことがあるのではないか？　人が生きる意味も、本当はその「縁」でしか生じ得ないことなのではないか？

そんなことを思うのである。

第二部　不確かな科学とともに

第八話　ドイツの滑空王

神々の領域

今でこそ「万物の霊長」と威張っている人間であるが、元をたどれば人の祖先は、ネズミのような、しっぽの長いモグラのような、体長10センチメートルほどの小さなか弱き生き物だった。知恵も力もさほど持たない我々の祖先が選んだのは、樹上生活だった。そこは大空を飛ぶ猛禽類からも、地上を歩く大型の肉食獣からも、比較的狙われにくい上、植物がつける果実にもありつける素敵な場所だったからだ。そんな我々の祖先には、深刻な悩みが二つあった。一つは「サルも木から落ちる」ことであり、もう一つは樹上に上って来る蛇である。子どもの頃、「落ちる夢」を見た人や、蛇に対して極端な恐怖感を持つ人もいると思うが、それらは私たちの祖先が樹上生活をしていた時代の、そういった記憶が深層心理に深く刻まれているからだという説もある。

だから、なのかどうかは知らないが、人にとって「空を飛ぶ」ことは長い間の夢だった。世界各国にある神話や伝説の中では、しばしば空を飛ぶ神々が登場する。日本で言えば、三保松原の天の羽衣伝説がそうであるし、ギリシャ神話でも太陽を目指して飛んだイカロスや、翼のあるサンダルで空を飛ぶヘルメスなど、多くの神々が空を翔けた。背中に翼を持つ天使たちも神を讃えて空を舞う。空は、人にとってずっと「神々の領域」だったのである。

そんな「神々の領域」に、有史以来、幾多の勇士が挑んだ。古くは紀元67年、船の帆に似た翼を作り、ローマ皇帝ネロの前で飛ぼうとした魔術師のシモン・マグス。1010年に両手両足に人工の翼をつけマームズベリー修道院の塔から飛んだことで有名なエイルマー・イングランド。そして、日本でも1785年に鳥人幸吉こと浮田幸吉が、竹の骨組みに紙と布を張り、柿渋を塗って強化した翼で、橋の欄干から飛翔を試みた。この他にも、イングランドの伝説の王、ブラドッド、イタリアのジョパンニ・ダミアン。沖縄の安里周祥。世界のあちらこちらで、有名無名のタワージャンパーと呼ばれる幾多の人々が次々と空に挑んだ。しかし、彼らの手作りの翼が生む揚力は、例外なく巨大な質量を持つ地球に引かれる力に勝てなかった。有り体に言えば、

しかなかった。墜落した。そう、長い間、人類にとって「空を飛ぶ」という夢は、文字通り「夢」で

リリエンタール兄弟

しかし、産業革命が起こり19世紀に入ると、そういった〝タワージャンパー〟の域を出て、より再現性のある知見の下に、すなわち航空工学の胎動期とも言える形で、空に挑む人たちが次々と現れてくる。その一人が〝ドイツの滑空王〟の異名で呼ばれたオットー・リリエンタールである。

オットーは旧ドイツのプロイセン王国アンクラムで、1848年に生を受けた。彼と弟のグスタフは幼少の頃より空を飛ぶことに憧れた。鳥は自由に空を飛ぶのに、どうして人は飛べないのか？　人が空を飛ぶことは不可能なのだろうか？　彼らは少年時代、自宅付近に多く生息していたコウノトリに、特に興味を持った。優雅に空を飛ぶその姿を熱心に観察し、それを元に作った手作りの翼を手につけて、夜中にこっそり鳥のように飛ぶ練習をしていたという。

リリエンタール兄弟は二人とも学業優秀で、専門は違うものの、現在のベルリン工

科大学に揃って入学した。リリエンタール家は、父を早くに亡くし母子家庭であったため、学資も十分でなかったが、二人で力を合わせて屋根裏部屋を借りて節約生活を送り、当時、自分たちで「貧乏暮らしの名人」と名乗っていたという微笑ましいエピソードも残っている。オットーは大学を卒業すると技術者となり、母校の機械工房で職を得た。また弟のグスタフも建築士となったが、二人は幼い頃からの夢を捨てることなく、その職の傍ら、本当に大空を飛ぶ夢に取り組むようになった。オットーもグスタフも才気あふれる人物であり、オットーは25にも及ぶ発明で特許を取得し、その中でもボイラーと蒸気機関に関する特許が、彼らの夢を支える主な資金源となった。

その頃、有人の飛行機械として考えられていたのは、鳥のように翼を羽ばたかせて飛ぶ羽ばたき型、気球型、凧型、そして固定翼を持ったグライダー型のものがあったが、当時の科学者たちの多くは気球型以外の飛行機械に対しては、「空気より重いものが安定して飛行することは原理的に困難」とする否定的な見方を持っていた。実際、気球型は最も早く成功を収め、1783年にはフランスのモンゴルフィエ兄弟による有人飛行が成し遂げられていた。また、1900年には有名なツェッペリン伯爵による動力を積んだ硬式飛行船も作製され、ある意味、それらにより人が空を飛ぶ夢はすでに実現されていたとも言えるが、水素やヘリウムを使って風船のように空に浮かぶ飛行船では、鳥のように思いのままに空を飛ぶ、ということはできなかった。

“ドイツの滑空王”の誕生

リリエンタール兄弟が目指したのは、空に浮かぶことではなく、空を飛ぶことだった。鳥のように空を飛ぶという彼らの夢からは、翼が可動式である「羽ばたき型」の飛行機械が自然に頭に浮かぶ。それは多くのタワージャンパーたちが試みたことでもあったし、リリエンタール兄弟にとってもそれを目指すのが自然な成り行きであった。しかし、「羽ばたき型」の飛行機械では、どうしても十分な揚力が得られず、跳躍の域を出る飛行は叶わなかった。そこで次に取り組んだのが「航空力学の父」と呼ばれるイギリスのジョージ・ケイリー卿が提唱していた「グライダー型」の飛行機械である。空を飛ぶ鳥たちの中にも、リリエンタール兄弟がよく観察していたコウノトリやカモメのように頻繁に羽ばたいて飛ぶものがあれば、逆にワシやトビのようにじっと羽を広げて、主として大空を滑空しているものもいる。その様をよく観察すると、鳥が空中に浮いているためには、羽ばたきより、広げた翼の角度と形が大切であ

図 5. 〝ドイツの滑空王〟オットー・リリエンタールの雄姿

り、浮くための力（揚力）と羽ばたきによる前に進むための力（推力）は別物だということに気づくようになった。

彼らは推力をエンジンなどの動力で得ることを念頭に置きながら、どうしたら安定して揚力が得られるのか、風洞実験のような室内実験を繰り返しながら、いくつもの飛行機械を試作していった。凧揚げの経験がある人なら容易に想像がつくと思うが、空中に浮遊しているものはちょっとした風向きの変化や突風などで容易にバランスを崩し、墜落してしまう。揚力を得ること自体よりも、この空中での安定性が最大の課題であった。

リリエンタール兄弟は、この難問を機体の改良に加えて、人がグライダーに乗り、操縦士が自分の体でバランスを微妙に調節することで解決しようとした。〝ドイツの滑空王〟の誕生である（図5）。

彼らは1891年頃より2000回にもおよぶ飛行実験を繰り返した。リリエンタール兄弟は、どんな方向から風が吹いても実験ができるように、ベルリン近郊に人工の円錐形の小高い丘を作り、今で言うハンググライダーのような手作りの飛行機械の飛行実験を行った。2000回の実験を繰り返すことができたという事実は、彼らが作る飛行機械が基本的に安定して滑空できていたことを示している。彼らはそれに少しずつ改良を加えて飛行距離を伸ばしていき、最大250メートル（約800フィート）ほどを滑空したという。その飛行距離は「空気より重い飛行機械」としては当時の世界記録であり、それを操縦するオットーの雄姿は、写真とともに世界各国に報道された。オットー・リリエンタールの名を世界に知らしめたのは、彼らの飛行に対する科学的で真摯な姿勢と、何より実際に自ら空を飛んでみせるという、この勇敢で情熱的な行為だった。しかし、同時にそれは潜在的な危険を伴う行為でもあり、グスタフでさえ時に「嫁さんも子どももいるんだから、いい加減にしたら」と助言したそうである。

犠牲は払われなければならない

そしてその危惧は不幸なことに、現実のものとなってしまう。1896年8月9日、オットーが操縦するグライダーは、突然の上昇気流によって生じた突風により空中で失速し、彼は約15メートルの高さから地面に叩き付けられた。すぐに病院に運ばれたが、頸椎を骨折しており、翌日、大空に勇敢に挑んだ〝ドイツの滑空王〟は、48歳の若さで帰らぬ人となった。彼がグスタフに残した最後の言葉は、「犠牲は払われなければならないものだ」であったという。

オットーの飛行事故死を伝えるニュースは世界中を駆け巡ったが、それに衝撃を受けたのがアメリカにいたライト兄弟だった。兄弟は〝ドイツの滑空王〟に憧れを抱いており、その死に奮起して、本格的に動力飛行機製作に取り組むようになったという。オットーが20年あまりの鳥の観察と室内実験の成果をまとめ、1889年に出版した『飛行技術の基礎としての鳥の飛翔』は、彼らの愛読書であり、オットーはライト兄弟に多くの影響を与えていたのだ。後年、ライト兄弟の兄ウィルバー・ライトは、オットー・リリエンタールを評してこう述べている。

「19世紀に飛行の問題に挑戦した人物の中で、オットー・リリエンタールは間違いなく最も重要な人物であった。（中略）彼ほどこの動機に多くの挑戦者を惹きつける力を持つものは誰もいなかった」（『飛行機技術の歴史』ジョン・D・アンダーソンJr.著　織田剛訳）

空を飛ぶことを可能にしたもの

リリエンタール兄弟が飛行実験を繰り返した人工の丘は、ベルリンの中心から南西に10キロメートルほどの場所にある。現在は、周囲が整備されて「リリエンタール公園」と呼ばれる市民の憩いの場となっており、その人工の丘もフリーゲベルク（飛行の山）と呼ばれ、今も保存されている。また、ベルリンの中心的な空港の一つであるテーゲル空港は、市民から愛着を持ってオットー・リリエンタール空港の別名でも呼ばれており、今も〝ドイツの滑空王〟はドイツ人の心に生き続けている。

リリエンタール兄弟が描いた空を飛ぶ夢は、ライト兄弟へと受け継がれ、１９０３年のライトフライヤー1号の初飛行へとつながっていく。しかし、このライト兄弟の偉業に対しても、飛行距離が２６０メートル、59秒とごく短いものであったことや目撃証人も少なかったことから、科学者やマスコミは「機械が空を飛ぶことは、科学的に不可能」という主旨の冷淡な記事やコメントを当時発表していた。

これら飛行機械の歴史から分かる最も大切なことは、科学、たとえば航空力学によって理論的に飛行が可能であることが証明されたから、人が飛行機を作ったのではないということである。リリエンタール兄弟やケイリー卿が行ったような飛行の原理に対する科学的なアプローチが、彼ら自身にも、また後世にとっても、大切だったことは言うまでもない。しかし、「分からないこと」を含んだまま、人は飛んだのだ。そう、人は飛べるから飛んだのではない。飛びたいから、飛んだのである。科学が、その彼らの意志を追いかけたのだ。

リリエンタール兄弟の生き様は、そのことを我々に今も教えてくれている。

第九話　リスクとともに

世の中には絶対正しいが、それ故に、知ってもあまり意味のない情報というものが存在する。たとえば人はみな死ぬが、「あなたはいつか死にますよ」と耳元で囁くようなことは、推奨できない行為の一つとして指摘することができる。

ここまで様々な観点から科学の不確かさについて書いてきた。学生だった頃、動物行動学者の日高敏隆先生が「科学的真理とは、その時つける最善の嘘である」というようなことを話しておられるのを聞いたが、この先生の言は、科学に対する人々の営為とその限界の関係を的確に言い得たもののようには思う。しかし、これまで書いてきたことが「厳密に考えると、結局、何も確かなことは分からない」ということろにしか行きつかないのであれば、それはただの「意味のない情報」ということである。

本書の後半では、私たちを取り巻くこの不確かさの中で、科学とどう向き合えばよいのか？　そんな答えのない問いを心に留めながら、昨今の大学における日常など、少し身近な話を含めて綴っていきたいと思っている。

人工知能の将棋

最近、将棋や囲碁などの複雑な知能ゲームで、人工知能（ＡＩ）が次々とトップのプロ棋士たちを打ち破ったことが話題となった。このＡＩの棋風について、将棋の羽生善治十九世名人が面白いことを言っている。それは「ＡＩには恐怖心がない」ということだ。人間同士の対局では、先を完全には読み通せない不安と、その中で自分の読みをどこまで信じられるかという心の強さ、そういった恐怖心との闘いがしばしばドラマを生む。しかし、ＡＩの指す将棋には、当たり前だがそういった人の持つ心理の綾のようなものがない。詰みがある局面では瞬時に指して詰ましにくるし、こちらの強手にも動揺することなく淡々と指してくる。人間は詰みがあると思っても間違いがないか何度も確認してしまうし、自分の陣形が乱れることや、王様が露出することなどには、どことなく不安を覚えて躊躇する傾向があるが、ＡＩはどんな怖い手でも平気である。

なぜ、ＡＩの指し手には恐怖心が感じられないのだろうか？　その根底には、ＡＩにとっては「自分に見えることが世界のすべて」ということがあるように思う。ＡＩは「自分が想定していない危険」や「自分が間違いを犯す」といった、自分に〝見えないリスク〟があることを考慮に入れるシステムになっていない。また、局面によっては実際すべての可能性をしらみつぶしに読んでいる。そういった、言うならば「闇」の存在を知ることのないＡＩの特性が、恐怖心のない指し手につながっているのではないかと思う。

「闇」を知る人

一方、人は「闇」の存在を知っている。自分に見えない「闇」の中に、時にリスクがひそんでいることを知っているのだ。王様が安全地帯にいれば、多少の読み落としがあっても勝負は先が長いが、王様が露出した局面で、自分に見えていない相手の好手があれば、ゲームセットである。だから王様が露出することには恐怖心が伴う。そして過去に読み落としで負けたことがあれば、「またやるのではないか」という、経験から来る恐怖もそれに上乗せされる。

生物はその長い進化の歴史の中で、生き残る確率をより高めるために、見えないリスク、つまり潜在的な危険を避ける習性を身に付けてきたのだろう。それは恐らく生物のDNAに深く刻まれており、人の恐怖心の根源となっているように思う。人は見えない「闇」の中にリスクを見てしまうのだ。そして、本当は何も見えないその「闇」に、何を見るかは個人の感性や経験次第である。

この「闇」の中にリスクを見てしまうこと、そしてそれが個人の感性によって大きく違うこと自体は、生物の特性として優れたものである。たとえば森の中で新しいキノコを見つけたとしよう。それを食べる人がいなければ、新しい食材は集団にもたらされないし、みんなが食べてしまえば集団ごと絶滅してしまうかもしれない。だから、人類には勇敢な遺伝子も必要なら、リスクに敏感なビビり遺伝子も必要なのである。ただ、人間社会において、それが少し厄介な問題を引き起こすのは、何かの社会合意を形成しようとすれば、こういった多様な感性を持つ人々の間にある、不確定なリスクに対する異なった感性をすり合わせる必要がでてくることだ。

一般的に言えば、用心に越したことはない。リスクは少なければ少ないほど良いし、真面目な人が真面目に言っていることに、「それはめんどうだから、いい加減でよくないですか？」とは、なかなか言い出しにくい。しかも言えば、大体怒られる。つまりリスク対策は候補のうちの最大値が採用されることになってしまいがちである。しかし、必要以上のリスク対策は、将棋のようなゲームでは間違いなく弱点となるし、実社会でもしばしば問題となる。それはリスク対策には相応のコストがかかるからだ。一例として、２００９年に騒動となった新型インフルエンザ対策の顚末を紹介したい。

新型インフルエンザ狂騒

冬になると毎年流行するインフルエンザであるが、実はかなり恐ろしい病気で、これが原因となった１９１８〜１９１９年の「スペイン風邪」は人類史上最悪のパンデミックと呼ばれており、一説では全世界でおよそ４０００万人が亡くなったと言われている。カナダ一国が丸々なくなるレベルで、途方もない数字である。スペイン風邪がそこまでの猛威を振るった理由の一つとして、その原因ウイルスが鳥に由来する新型であり、当時の人々がそれに対する十分な免疫を持っていなかったことが考えられている。

２００９年の騒動では、それと同じように豚インフルエンザが変異したと考えられる新型ウイルス（Ａ／Ｈ１Ｎ１型）が登場した。同年６月にはＷＨＯがパンデミックの発生を意味するフェーズ６宣言をする事態にいたり、「スペイン風邪」の再来かと世界的に大騒ぎとなった。日本でもこの「パンデミック」への対策が連日報道され、新型ウイルスに対するワクチンが緊急輸入された。当初、準備が予定されていたワクチン量は、国内製５４００万人分、海外製９９００万人分の合わせて約１億５０００万人分である。これに使われた国費は約１３８０億円という莫大なものであった。

しかし、この新型インフルエンザは確かに大規模に流行したが、実際には弱毒型であることが徐々に明らかとなり、結局、通常の季節性インフルエンザと同程度の被害しかもたらさなかった。ワクチンも騒ぎの初期には多くの需要があったが、緊急輸入された海外製のワクチンが届く頃には需要もなくなり、実際に使われたのは１万人分以下という散々の体たらくで、輸入ワクチンの99・９％以上は有効期限が切れるとともに廃棄されることになった。概ね１０００億円をどぶに捨てたことになる。

識者の中には、この時流行したＡ／Ｈ１Ｎ１型ウイルスは元々弱毒タイプのもので、この結果は最初から分かっていた、本当に怖いのは強毒型の鳥インフルエンザウイルスA／H5N1型だという主張があり、これに対する対策も2006年から続けられている。これはA／H5N1型ウイルスに対するワクチンをパンデミックに備えて1000万人分備蓄しておくという計画で、現在では毎年期限の切れた約1000万人分のワクチンを捨てることになっている。こちらのプロジェクトでも毎年約60億円を計画的にどぶに捨てている計算だ。これに加えて、タミフルやリレンザといったインフルエンザ対策の薬も備蓄されている。こちらも有効期限を延ばしに延ばして10年にしたが、結局、2016年から毎年約1000万人分（約150億円相当）の薬を廃棄する事態となっている。

額が大きくて、どれくらいどぶにお金が落ちているのか実感できないが、日本の科学研究の基幹となっている科学研究費補助金の総額が年間2000億円なにがしであるから、その影響の大きさは推して知るべしである。こうして書いていると、なんてバカなことをしているのだ、という気分にはなってくるが、スペイン風邪のような深刻なパンデミックが新型インフルエンザで今後起きる確率は、科学的な見地からは無視できないものと言わざるを得ない。結局、起こらなかったから無駄にはなっているが、もしパンデミックが起こり日本で数万人あるいは数十万人規模の死者が出れば、どうして予見できていたのにその対策をしなかったのだ、という非難が湧き起こることは必定である。つまりこれが「リスクに備える」ということであり、眩暈がするほどコストがかかる。

さらに言えば、これだけのコストをかけて備えているインフルエンザのパンデミックではあるが、新型インフルエンザはA／H1N1やA／H5N1型だけではなく、H7N9、H7N7やH9N2といった、また異なったタイプがあり、これらがパンデミックを引き起こす可能性も実際には指摘されている。これらに対しても備えようとすると、一つ当たり新たなワクチンの備蓄に年間100億円単位のコストがかかる。有効期限の1～2年間以内に発生がなければ、またこれらもどぶの中である。考え得るすべてのリスクに対して備えようとするのは、「健康のためだったら、俺は死んでもいい」というような倒錯を、国家規模でやることを意味している。

ゼロにならないリスク

ここからくる結論は一つ。「リスクはゼロにできない」ということである。当たり前と言えば当たり前だが、結局のところ、私たちは「リスクとともに生きる」、言葉を変えれば、「運が悪ければ死ぬ」という道しか選択肢がない。良いも悪いもなく、我々に必要なのは「リスクはゼロにできない」という認識と覚悟であり、それを踏まえた上での選択なのである。

その「ゼロにできないリスク」を前に、勇敢な遺伝子を持つ人たちは、怯えて立ち止まるより、ベネフィットが期待できるのなら、とりあえずやってみるという選択をしてきた。人類の歴史を振り返れば、我々の祖先によるそういった様々な〝挑戦〟により、科学も社会も発展を遂げてきたことが分かる。空を目指したオットー・リリエンタールがそうなら、天然痘ワクチンを開発したエドワード・ジェンナーや、初めて納豆を食べた人だってその一人だろう。また、もっと身近で、現在進行形の例を挙げれば、自動車の問題もある。

実は我々の身近にあるリスクの中で最大のものは、飛行機事故でも、地震・台風でもなく、交通事故である。実際これはかなり深刻なもので、直近の50年間で日本において約50万人もの方が交通事故により亡くなっている。この累積数で大雑把に計算すれば、この50年を生きた日本人のおよそ200人に一人は車の事故で亡くなっていることになる。驚くべき高いリスク率だ。人類が自動車という技術に手を出さなければ、この50万人もの人は亡くならずに済んだはずだが、車の持つ利便性、つまりベネフィットを利用することを我々は選んだのだ。そして、数々の悲劇を経験しながらも、少しずつ車の性能向上や交通ルールの改正といったリスク対策を重ねた結果、交通事故による年間死亡者数は1970年の1万6765人をピークとして、近年では4000人程度にまで減少してきている。今後、自動車の自動運転などの技術が進歩すれば、この数はさらに減っていく可能性もあるだろう。リスクを前に立ち止まるのではなく、とりあえずやってみて、失敗から学び修正を加えて改善していくというのは、生物進化の様式にも似て、人類社会が新しい技術を取り入れるやり方として優れたものであったことは間違いない。

「恐れ」とリスク

しかし、一方、そういったやり方が何にでも通用するのだろうかと思わせたのが、たとえば福島第一原発の事故である。あの事故は原発敷地の高さである10メートルを超える津波により、建屋が浸水して電源喪失が起きたことが原因だった。そのような大きな津波が襲ってくるリスクは、過去の太平洋沿岸における事例の検証から、東電でも認識されていた。しかし、対策に要する費用は数百億円という巨額なものであり、原発が稼働している40～60年の間にそんな津波が来なければ、その費用はどぶに捨てられることになる。福島の事故以前に津波による原発事故の事例はなかったし、東電は「とりあえず、ビビらずに、やってみた」のだ。私は当時の常識に照らして、その東電の経営判断が著しく不適切なものだったとは思わない。ただ、結果として、あの事故である。

そして、その失敗から学び、修正を加えていくための方策として、日本中の原発で津波対策が行われることになった。それは確かに改善ではあろうが、少し待って欲しい。あの失敗から我々が学ぶべきこととは、本当に津波対策なのだろうか？

福島原発事故では幸いなことに、原発をまったくコントロールできなくなる事態にはならなかった。しかし、もしそうなっていたら、半径１７０キロメートルの範囲で避難指示、同250キロメートルの範囲が計画的避難対象地域になっていたとシミュレートされている。関東北部から、新潟県、そして北東北の一部を除く東北のほぼ全域という広大な地域が避難対象となり、それによる推定避難者数はなんと3000万人を超えることになる。

その「最悪」を逃れた現実の事故でも、自宅から離れざるを得なかった避難者は約35万人というとてつもない数で、高齢者を中心に少なくない方がそのストレスで亡くなったとされている。事故から8年たった今なお数万人の人々が避難生活を余儀なくされている。

こういった原発事故の影響はあまりに甚大であり、失敗したから次に修正すればいいというレベルを超えているようにも思える。電気など、他の手段でも作れるもので、どう考えてもリスクとベネフィットが釣り合っていないのだ。原発事故を引き起こすリスクには、津波以外にも、直下型地震、火山の噴火、テロ、ミサイル攻撃などが以前から指摘されているが、これらのリスクも現在の科学では、起こる確率の正確な把握が難しい、例の領域に潜んでいる。

本当に考えないといけないのは、坂本龍一氏の言ではないが「たかが電気のために」広大な国土が長期にわたり使えなくなるようなリスクを持ち続ける必要があるのか、という点である。原子力発電には、真のコストの算出や高レベル廃棄物の長期管理といった深刻な問題もあるが、もっと単純に潜在的な事故被害の甚大さに想像を働かせるべきではないかと思う。大雑把に言って、原発1基には広島型原爆の約1万発分の放射性物質が、廃棄物も含めると存在している。そのわずか1万分の1が漏れても、原爆1発分である。その潜在的な危険性はあまりに甚大で、しかも「リスクはゼロにはならない」のだ。

「神託を担う科学」を越えて

「恐れ」が過剰な対策や無駄なコストを招いているとか、リスクを恐れず踏み込まなければ、何かを成し遂げることなどできないといった指摘は真実だろう。確かに生物はそうやって進化してきたのだ。しかし、その生物の進化の中でどうして「恐れ」のようなものが受け継がれ続けてきたのか、少し立ち止まって考える必要のある問題も、また存在するのではないかと思う。それはＡＩとは違い、「闇」の存在を知る我々生き物に、リスクとともに生き続けなければならない我々生き物に、幾億の時を越え、ずっと受け継がれてきた貴い知恵ではないのだろうか。

かつては、そういった「恐れ」に基づいた様々な「抑制」は、「神の戒め」や「村の掟」のような形で、人間社会に存在していたものなのだろう。それを一つずつ葬り去ってきたのが科学の歴史でもある。しかし、現在我々の目の前にあるのは、その結果、現れてきた「強欲資本主義」や「傲慢合理主義」であり、またそれらが生んだ制御できない――それは原子力に象徴される――巨大で破壊的な問題の数々である。論理の力が葬り去ってきた、論理の力が及ばない領域における、ある意味、非論理的な制御や抑制を、どうやったら再び取り戻すことができるのだろうか？　真の知性は、「傲慢合理主義」を超えることができるのか？　それらはこれからの人類が対峙すべき知的挑戦の中でも、実は最も重要なものなのかも知れない。そして、その第一歩こそが「神託を担う科学」から脱却し、科学の限界を正しく知ることなのだと、私は思っている。

第十話　アフリカ象と大学人

牙を失うアフリカ象

２０１６年、英国の高級紙である『タイムズ』や『インディペンデント』に、相次いで衝撃的な記事が載った。それは牙を持たないアフリカ象が増えているというものだ。

アフリカ象はオス・メスともに、インド象に比べて大きな牙を持つことが特徴とされていたが、その象徴とも言える牙を失った象が、地域によってはメスの98％を占めるまでに至っているという驚きのニュースであった。

これは密猟者の影響だという。象の密猟は象牙が目的であるため、大きな牙を持った象は狙われやすい。逆に言えば、牙を持たない象は密猟の対象とならないために、生き延びて子孫を残しやすい。

この強力な「淘汰圧」の結果、過去の調査では2～6％に過ぎなかった「牙を持たない象」が、優占的に増殖してしまったということらしい。また、牙を持った象でも、その平均サイズが１００年前に比べて概ね半分になっていたことも、調査の結果、明らかとなった。

こんな短い期間に、アフリカ象が牙を持たない方向に「進化」してしまっているとは、なんとも悲しい。また、人為的な「淘汰圧」の凄まじさを実感できる話でもある。

衰退する日本の科学と淘汰圧

最近、日本発の科学論文の、世界における相対的な地位低下がよく指摘されている。２０１７年の『ネイチャー』誌の記事では、ネイチャー・インデックスという高品質の自然科学系学術ジャーナルを対象としたデータベースに含まれている日本人の論文数が、過去５年間で８・３％も減少したとされている。

また、科学論文をより広く網羅するスコーパス・データベースに収録されている日本人論文の割合も、２００５年の７・４％から２０１５年には４・７％へと減少した。

実際、大学という現場にいると、この10年に限らず、２００４年の国立大学法人化以降、研究環境は悪化の一途をたどっているというのが実感である。この期間に起こった変化の一つは、大学への競争原理、つまり淘汰圧の導入である。

以前の国立大学は、贅沢を言わなければ大学から支給される研究費だけで、細々とではあってもなんとか研究を続けることができた。しかし、大学の法人化以降、「選択と集中」の掛け声の下に改革が進み、それが難しくなっている。運営費交付金と呼ばれる国からの基本給のようなお金がどんどん減り、営業成績に準じたボーナスのような競争的資金と言われる予算が増えた。

運営費交付金の大部分は、職員の給与やその他、大学運営に必須な部分に使われており、結局減らされたのは教員の研究費である。その代わりに競争的資金による研究費を増やすことで、やる気のある研究者は、競争に勝ち抜いて自分でお金を稼ぎなさいというのが政府の方針である。

雇用の形態も競争的になった。特に若い研究者を中心に雇用が任期付きになり、若手研究者は社会的に不安定な身分となってしまった。成果を出し続けないと、任期が切れた際に次の職がない。そのプレッシャーの中で研究をすることで、より良い結果が早く出るようになるはずだ。研究者はやりたいことをやっているのだ。たとえば野球選手だったら、結果が出なければ一軍には残れず、野球を諦めるしかない。それと同じ競争だよ――という訳だ。成果を出さないと研究者として生き残れない。そんな「淘汰圧」である。

過度な「選択と集中」

大学に対する「ぬるま湯」「レジャーランド」といった批判はずいぶん昔からあり、大学教員の中には、一体、何をしているのだ？　と、外から見た場合に、思えてしまう人たちがいるのは事実である。そこに競争原理を導入して「怠惰な研究者は淘汰する仕組みを作るべし」というのは、ある意味、正論である。

しかし、ではどうして、それを導入した日本の科学研究が衰退の方向に向かっているのだろうか？　問題点はいくつかあると思うが、ここでは二つ指摘したい。一つには「選択と集中」に代表される「淘汰圧」が行き過ぎているということである。

「選択と集中」とは、元々対象を一部に絞って、そこに集中的に投資をしていくという方針なので、当然の結果ということかもしれないが、使い切れないほどの予算を持つ研究者がいる一方、実質的に研究ができないという層が生じている。

一旦、何かの拍子に予算が切れると研究ができなくなり、論文も書けなくなってしまう。するとさらに予算が取れないという悪循環に入り込むことになる。これにより、以前は一定の生産性があった研究者層の活力が削がれるようなことが起こっている。

一方、「集中」している方は、えてして予算がダブついており、年度末に予算を使い切るのに苦労するという景気の良い話もしばしば耳にする。その結果、結局はほとんど使われないことになる不急の機器を買ったり、常に最新のＰＣを持ってあっちこっちの国際会議に出かけたりと、何だか無駄遣いしているようにも見えるのだ。そしてそんな「格差」は、研究者としての実際の力量の差をはるかに拡大した形で現れている。競争原理を導入すること自体に反対するつもりはないが、費用対効果を考えると、現状は明らかに行き過ぎている。

また、若手の研究者を中心に、優秀であっても安定したポストが得られないということがしばしば起きている。研究は人間が行っており、そこで育つ人を大切にしない分野が発展などするはずはない。40歳を超えても、家族がいても、任期が来れば職がなくなってしまうのだ。そんな業種に、若い優秀な人間が行きたいと思うだろうか？

〝評価〟が揺るがす知の源泉

そして、もう一つの、それは科学の本質に関するかもしれない深刻な問題は、この「淘汰圧」の導入により、研究者の選択、研究の方向性みたいなものが大きく影響を受けているということである。

「選択と集中」を行うためにはいろんな研究／研究者を評価して、これは良い研究だからお金を配り、これは必要ないからお金を出さない、といった判定をしなければならない。つまり〝評価〟が必須である。研究／研究者の評価は、打率がいくらで、年間何勝を挙げた、というような誰の目にも明らかな数字で行うことはできない。では、どのように評価されているのだろうか？　たとえばがんに関する研究と地球温暖化に関する研究のどっちが大事かと言われても、即答できる人などいないように、研究内容自体の評価は、評価者の興味や価値観が大きく作用してしまい、一定レベル以上に踏み込むのはなかなか難しい。

従ってより客観的なものとして、その研究者の業績、つまりどんな論文をどれくらい出しているのかといったことが、実際には重視されている。論文の質の評価は、それがどれくらい他の論文に引用されたかという、インパクトファクター(正確には論文が掲載された雑誌に対する評価指標であるが)と呼ばれる指標がよく用いられる。また近年は、研究成果の社会還元が重視されており、研究成果が社会にどのように役に立つのかという点も、厳しく評価される傾向がある。

はびこる「いかに他人から評価されるか」

こういった評価の基準は「淘汰圧」そのものであり、必然的に研究者の側に影響を与えることになる。生き残るためには、評価される方向に適応していかなければならないからだ。特に任期付きの教員にとっては、次のポストが得られるかどうかは死活問題であり、確実に論文を書けるテーマやインパクトファクターの高い雑誌に載る論文が書けるようなテーマを選ぶ方向にバイアスがかかってしまう。自分が本当に何を知りたいのか、興味があるのかということより、次のポジションを確保するためにはどうすれば良いかを考えて研究をやらざるを得なくなる。

また、任期付きでない教員であっても、評価されない研究は現実的に予算が取れない。だから、多くの研究者が成果がすぐに社会に還元できるようなテーマ、予算が獲得しやすいテーマへと傾いてゆく。こういった趨勢の最大の不幸は「いかに他人から評価されるか」ということが、研究者を動かす大きな関心事になってしまっていることである。もっと言えば、それに合わせて「自分の何かを売れる」人が生き残りやすい仕組みになっていることだ。

科学は本来「これを知りたい」「何が真理なのか」といった研究者の内にある純粋な興味から発するところに価値がある。個性の違った一人一人の人間が、自分の情熱を傾けることができる〝何か〟を見つける。そこに研究のオリジナリティーの源泉があり、知的興奮が生じる所以（ゆえん）があるのだ。そういった〝内なる真実〟ではなく、〝外なる評価〟が研究を動かすようになってしまった。それは科学の「生命力」を本質的に損なうものであり、科学者の根っこにある「自己」から発せられる情熱や活力を奪ってしまう。

昨今、話題となったデータ捏造も、外なる評価が大きな価値を持つから起こることであり、何かを本当に知りたいと思っている研究者にとっては、捏造などやってみても何の意味もない。しかし、このことに象徴されるような、科学の発展という観点からはまったく意味のない、おかしなことが、実は評価の強化によって誘発されている。

評価する側にまわれば分かるが、評価がいちばん楽なのは、何のアウトプットもない状態である。テストの採点なら白紙の解答だ。それは文句なしに〝落第〟だからである。また、何か書いてあったとして、その「質」の評価はそれなりに難しいが、文字数のような「量」なら簡単に数値化できる。これは研究者の評価でも似たような状況があり、とりあえず何かを、それも数としてできるだけ多く、アウトプットとして出すことがアピールになるのだ。

しかし、こういった評価へのアピールと科学的な真理の追究とは、往々にして相反する。たとえば、一つの実験をして自分の仮説に合うデータが出たとする。真理を追究するという意味では、そのデータをさらに違う角度から実験をして正しいかどうか確かめるようなことが必要である。正しさを追求しようとすれば、角度の違う実験の種類は多ければ多いほど良い。ただ、言うまでもなく、多くの実験をすればするほど、時間はかかるし、しばしば違う角度から見れば、少し矛盾するような結果が出てきてしまい、そのギャップを埋めるためにさらに実験が必要になるといったことも起こってくる。当然のことだが、データの質を上げようと思えば、より多くの時間がかかるのだ。

しかし、そんなことをやっている間に、競争相手に論文を出されてしまえば二番煎じになってしまうし、そうして丁寧に検証している間は論文としても発表できない。最初に都合の良いデータが出た時にとりあえず発表してしまえば、そんな煩わしいことは起こらない。つまり評価の圧力を強めれば、粗悪なデータであっても、とりあえず発表してしまえというようなことが起こりがちである。その結果、「拙速は巧遅に勝る」「枯れ木も山の賑わい」「悪名は無名に勝る」といった、これまで様々な処世のための「金言」で表現されてきた、「とほほ感」溢れる価値観が、科学の世界にもやってくることになる。

大学はこれで良いのか？

また、大学の在り方自体にも同じような問題が起きている。大学の外部評価のために、何年以内に世界大学ランキング何位を目指しますといった目標を作ったり、ランキングを上げるためにママゴトのような英語コースを作ったり、大学が「いかに他人から評価されるか」ばかりを追いかける場所になろうとしている。日本の大学がイギリスで作られる大学ランキングで上位になることの、一体、何が重要なのだ？

昨今、毎年のように日本人のノーベル賞受賞のニュースが流れたが、それは世界に伍するだけの日本独自の研究があったことを明白に示している。日本の大学には、オリジナリティーを持った研究を育てる力が、少なくとも過去においてはあったのだ。どうしてそのことにもっと自信を持てないのか？

日本の大学における研究活力の衰退は、「研究」というものに無理解な行政が、大学の在り方や大学における研究に対して、「淘汰圧」を使って介入するようになってきたことが恐らく最大の原因である。大学改革を立案する文科省の高級官僚の多くは基本的に研究生活など経験したことのない文系の秀才たちであり、机上の論としては良くできていても、どこかズレたものばかりである。以前は大学における学問を尊重し「育てる」ような意識が感じられたが、昨今は短絡的なビジョンで大学を「支配」しようとしているように見える。その結果、死屍累々とした荒野に、誰も読まない書類が積み上がっている。アカデミアの世界から「熱」が奪われ、研究者、特に若い研究者たちが、夢も希望も持ちにくくなっているのだ。

これと表裏一体にあるのが大学側の頽廃だ。こういった世界ランクだの、ミッション再定義だの、英語コースだの、皆が意味がないと思っていることであっても、「文科省の指示だから」「逆らうと運営費交付金を減らされるから」というような理由で従っていく光景に、いつの間にか大学人が慣れっこになっている。〝誰かの思い付き〟レベルの指示を無批判に受け入れ、それに空しく膨大な時間や労力を費やすことを、当たり前に思うようになっている。それを知的頽廃と呼ばずして、何をそう呼べと言うのだろう。

大学の本来の姿は、「自己」というものに根付いた知性、自分が何を本当に面白いと思い、何に世界の意味を見出すのか、そういった〝知の源泉〟を育てることではなかったのか？

目の前の不条理に声を上げることすらできない大学人。それは「淘汰圧」により、「牙を持たない大学人」へと「進化」した姿なのだろうか？　自己に根付いた知性という「牙」を失った大学人に、果たしてその存在意義はあるのか？

そのことを自問してしまう、現在の大学である。

第十一話　「無駄」と科学

不均衡進化論

知る人ぞ知るという感じの進化論に、「不均衡進化論」という説がある。これは1992年に日本人の古澤滿が発表した興味深い仮説である。DNAは2本の鎖から成り立っており、複製が起こると、それぞれの鎖から二つの子孫DNAが生まれてくる（図6）。不均衡進化論の肝となる主張は、この二つの子孫DNAでは遺伝子の変異率が異なっており、親の片側のDNA鎖からできた子孫DNAは親とそっくりの遺伝子配列のまま生まれてくるが、もう片側のDNA鎖から生まれる子孫DNAは変異が多く、親とずいぶん違った遺伝子配列を持つような仕組みになっているという説である。

生物の持つジレンマに「変わること」と「変わらないこと」の両立がある。生き物は基本的に自分とよく似た子どもを作る。それは種の存続に欠かせない性質である

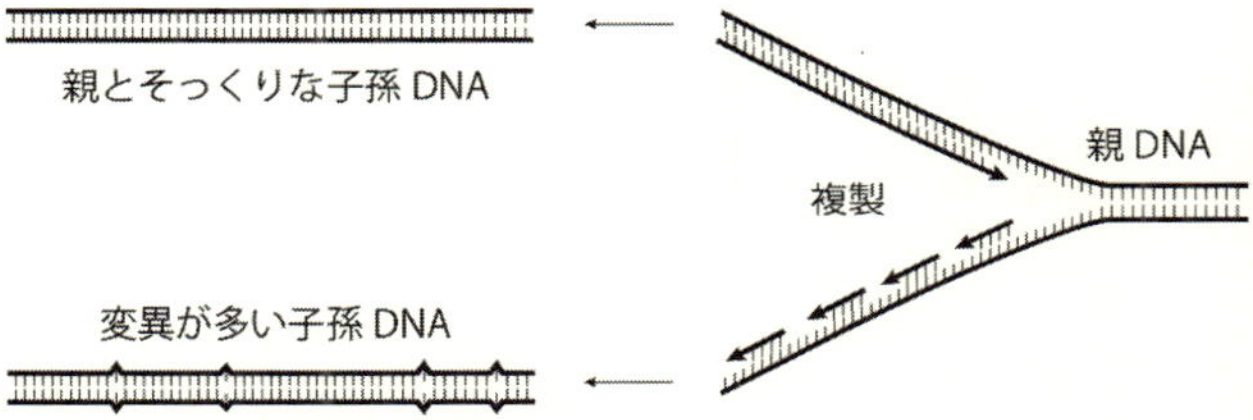

図 6.　不均衡進化論による DNA 複製のモデル

が、一方、猿から人類が進化してきたり、環境に対応した変種が現れるような変化を生み出すことも、また生命に欠かせない特徴である。生物は、今のシステムを維持できないと存続できないし、一方、そのシステムを変化させなければ環境の変化に対応できず、進化も起こらない。「変わるべきか、変わらざるべきか」、これは生命が持つ根源的なジレンマである。

不均衡進化論の素晴らしいところは、この生命の持つ根源的な矛盾の解決手段が、生命の源であるＤＮＡの複製機構に備わっていると説いている点である。つまりＤＮＡの一方の鎖からは現状を維持する、親とそっくりな子孫が生まれ、もう一方の鎖からは変化に富み進化を担う子どもが生まれてくる。たとえ、変化した子どもがシステムの維持に堪えないような異端児であっても、もう一方が現状維持を担ってくれるから心配ない。もし、変化した子どもの方が素晴らしい性質を持っていれば、今度はその変化した性質を維持すればよいし、一方ではその素晴らしい性質をベースに、さらに変異した子孫を作る試みも可能になる。生命というシステムは、現状を確実に維持しながら、変化の可能性を探る巧妙さを合わせ持つことが、まさにそのDNAに刻まれているという訳である。

ランダムに起こる遺伝子の変異

生物に変化をもたらす遺伝子の変異は、基本的にランダムに起こると考えられている。たとえば、羽を持つようにとか、首が長くなるようにといった特定の方向性を持って遺伝子が変わっていくのではなく、ランダムな変異の中でたまたま有用なものが出てくれば、それが生き残るというのが、現代の進化学が教えるところである。なんだか、ずいぶんと効率が悪い方法のようにも思える。しかし「生命」がこの地球上に誕生してから40億年とも言われているが、その途方もない時間、途切れることなく続いてきたのは、極論すれば変異がランダムに起きてきたからなのだと、私は思っている。

たとえば、生命が海底の熱水噴出孔で誕生したと仮定しよう。そこから進化がスタートすることになるが、進化というのだから、その環境にあるエネルギーや資源を効率よく利用し、より早く増殖できる、そういったことが起こっていくのだろう。そして、より効率よく、無駄を削って、その環境に適応し競争に勝ったものが生き残っていく。それは確かに素晴らしい進化である。しかし、その結果、生まれてくるのは、熱水噴出孔にあるエネルギーと資源に頼りっきりの生き物となる。なぜなら、その環境に必要なものを生み出し、それ以外の無駄は削り落として最適化されるということは、他の環境には不適になるということとほぼ同義であるからだ。このような単純な適者生存的戦略を採っていたなら、生命は簡単に途絶えてしまう。それは、環境は変化するのが常であり、依存している環境が失われれば、それに最適化されたものは容易に絶滅してしまうからである。

　だから、生命の継続を可能とした戦略の本質は、通常イメージされている、適応的な進化のような一方向を向いたものではない。本当に大切なことは、実はその環境下で生きることには何の役にも立たない、「無駄」な変異をランダムに起こし続け、それを許容することなのである。単純な話ではあるが、他の環境で有利に働く変異は、現状現環境下では基本的に「無駄」なのだ。それを許容して生み出し続けることが、現とは違う環境で生存できる新しい生き物を生み出し、簡単には全滅しない強靭性を生命に与える。「無駄」を生み出し、それを許容すること、それが生命の持つ優れた特性である。

放射線に耐える奇妙な果実

一つの例を挙げてみよう。縁起でもない話ではあるが、もし核戦争が起こり地球上の放射線量がとてつもなく高くなれば、人類は滅亡することになる。一般的に、強い放射線は生物種を問わず致死的に働くので、人類のみならずすべての生物が死に絶え、地球が死の星となってしまう。そんなことも理屈の上では起こり得る一つの未来の姿である。

しかし、恐らく実際にはそうならない。なぜなら世の中には「変な生き物」がいるからだ。たとえば *Deinococcus radiodurans* という微生物は、日本語に訳せば「放射線に耐える奇妙な果実」という、へんてこな名前がつけられており、人間の致死量の1000倍近い放射線に曝されても平気で生きている。この種の細菌は、たとえば小川や草原といったごくごく普通の環境で見つかり、特に放射線量が高い場所に棲んでいるということもなく、どうしてそんなに放射線に強いのかよく分かっていない。そんな性質を持っていることは、人間が実験をして初めて分かったことである。一般的な微生物は放射線に弱いので、これは*D. radiodurans*に起こった「変異」の一つと考えることができると思うが、普通の生物より放射線に1000倍強いという能力が活かされる機会など、現実には訪れない可能性もあるだろうし、まったく「無駄」な性質を備えているようにも見える。しかし、そんな変な生き物がいることで、たとえ人類が核戦争という愚かな間違いを犯し滅んだとしても、「生命という現象」自体は、この地球上で恐らく途切れることなく続いていくことになる。

だから、このような生物の多様性を生み出す「変異」は、自己複製を担う保守的な「システム」と両輪を成し、生命の存続を支えている大切な要素となっているのである。そして「変異」は「無駄」と罵られようが、「システム」の論理から独立し、ランダムで特定の方向性を持たないことが、その本質として重要なのである。

「変異」としての科学

社会における科学の役割というのは、生物進化におけるこの「変異」のようなものではないかと、私は思っている。もちろん「システム」の環境への適応度を上げること、つまり現実の社会のニーズに応えることも科学の一つの役割ではあろう。しかし、科学の持つ本質的な意義は、「システム」にこれまでになかった新しい「変異」をもたらすことではないかと思うのだ。しかし、近年、そういった「変異」としての科学が日本で少しずつ衰退している。

2014年のOECDにおける基調演説で、安倍晋三首相は「大学の特許出願のうち、アメリカでは15％程度が新たなビジネスにつながっていますが、日本では0・5％程度しかない。（中略）学術研究を深めるのではなく、もっと社会のニーズを見据えた、もっと実践的な、職業教育を行う。そうした新たな枠組みを、高等教育に取り込みたいと考えています」と述べた。

こういった大学の研究力を産業に利用することは、たとえば企業と大学の共同研究のような形で以前からあったが、近年の競争的資金重視の趨勢から加速されている感がある。共同研究の多くは、大学で企業のための技術開発や委託解析のようなことをやり、その代わりに研究費を頂くものである。その結果、何が起こるかと言えば、大学院生が企業の研究員のように企業に必要なデータを出したり、技術の開発に勤しむということになる。本来、大学院生の研究は大学教育の一環であるはずなのだが、それが研究費を出してくれた企業のために働くようなことになる。「仕方ない」と言ってしまえばそれまでだが、どこか違和感がある状況でもある。

また、公的な競争的資金でも、厳しく使用目的が制限されているものがあり、先日、私が参画したあるプロジェクトでは「このプロジェクトに参画している先生が、『私の研究に研究費を頂きありがたい』と言われたが、勘違いも甚だしい。このプロジェクトの研究費はプロジェクトを成功させるためにあり、先生方の研究に使うものではありません」というようなことを言われた。これまでであれば、プロジェクトとは言っても、大枠の中に入ってさえいれば、あとは自由に研究をして下さい、というスタンスが普通だったから驚いた。時代は変わり、金をもらった以上言われたように働け、ということのようである。

迫りくる「システム」からの支配

前話でも同じようなことを書いたが、こういった趨勢は、研究費という資源の配分を利用して、「システム」が科学を支配しつつある現状のように映る。科学の現場の自由度が奪われ、「システム」から独立した「変異」としての役割が力を失いつつあるのだ。科学が「変異」として機能するのは、様々な個性を持った研究者たちが自分の興味に忠実に研究を行うからである。その時の社会からの要請、すなわち「環境条件」に引きずられてしまっては方向が限定されてしまい、進化の両輪たる「システム」のアンチテーゼとなり得ない。

こんなことを言うと怒られるだろうが、だから科学に対する投資というのは、本質的に「無駄」なものだ。少なくともその覚悟を持って行うべきなのだ。一人一人の科学者が、本当に何かを知りたいと思っている。そういった、理由もよく分からない妙なこだわりのような〝いびつな情熱〟こそがランダムな「変異」の源であり、本当に新しいものを生み出す可能性の芽なのである。それは時に、合理性という枠からはみ出ており、その人以外、誰もやらない、興味も持たない。しかしだからこそ、そこに価値があるのかも知れないのだ。

こういった主張には、科学者の我儘（わがまま）という批判もあるだろうし、科学技術予算のすべてをそんな「無駄」に投資するのが適切なのかと言われれば、恐らくそれもそうではないだろう。しかし、「システム」が科学を完全に支配してしまえば、そこから本当に新しいものは、もう何も出てこない。

今、大学では何か大切なものが力を奪われつつあり、そのスピードは時とともに加速しているように思う。学問の自由、大学の自治。それはイデオロギーではなく、本当に新しいものを生み出す場として、必須の要素であったのだ。変わりつつある大学。その現状を心から憂えている。

第十二話　閉じられたこと

「カビの生えたような学問」という言葉があるが、私がやっているのは「カビが生える学問」である。私が主な研究材料にしている、いもち病というイネの病原菌は、子のう菌という真菌（カビ）に属している。カビの生えたような学問というと、狭く薄暗い研究室で白衣を着た学者が顕微鏡をのぞいているというようなイメージがあるが、この時代にあってカビに興味をもつ研究者というのは、どことなくそれに通じるものがある。アメリカのカリフォルニア州にあるアシロマ会議場で（ここは1975年に国際的な遺伝子組み換え実験のガイドラインが打ち出されたことで有名なアシロマ会議が開かれた場所でもある）、2年に1度、世界中の「カビマニア」が一堂に会するFungal Genetics Conferenceという学会が開かれるが、その比較的小さな国際会議の木造の薄暗い会場には、どことなく古き良き時代のサイエンスの芳香が漂っている。

〝開かれたこと〟と〝閉じられたこと〟

今さら言うまでもなく、現代では自明の善としていろんなことが開かれていく方向に進んでいる。〝開かれたこと〟つまり情報の交換や物質の流通などが、物事の健全な発展のために必要なことは論を俟たない。そういう意味では、この時代は過去と比べて本当に恵まれていると思う。大陸間の移動でさえ、豊かな国では普通の庶民が無理なく行えるようになり、欲しいと思う情報のほとんどはインターネットやテレビなどの通信手段によって手に入る。こういう〝開かれたこと〟が現代社会の基礎を作り、その発展に大いに寄与していることは、もう圧倒的に明らかなことである。

けれど、一方で私が最近とみに思うのは、もっと〝閉じられたこと〟というものの大切さが意識されても良いということだ。昨今の風潮は、〝閉じられたこと〟の持つエネルギーや密度について、あまりに無頓着になっているような気がする。開かれたということを、誰の目にも見て分かる〝昼の力〟とするなら、閉じられたことは、簡単には見えない〝夜の力〟みたいなものだ。基本的に純度のあるものは、閉じられているから存在できる。赤い絵の具を池の中に落とせば、その色はなくなってしまう。

どんなものであっても、その偏りや純度を保つためには閉じられた時空間が必須だ。そのことの意義は意外に大きいと思う。

その文脈で言えば、昔、日本は島国で鎖国までしていた。その閉じられた時空間の中で、日本の文化というのは育まれてきた。ちょんまげや羽織袴、刀、お城そして日本語、そういうものが、その文化の中である種の密度を持ち存在した。しかし、明治以後、多くのものを開き、西洋文化を取り入れてきたことで、たとえば着物文化というようなものは、その内在的な文化としての何か大切な力を失ってしまったように見える。こんなことを言うのも不謹慎かも知れないが、以前は、もし日本という国が圧倒的な軍事力を持ち、世界を席巻していたら、世界のみんなが着物を着るようなことになっていた、そんな未来の世界の姿の一つとなる可能性を内包する密度と力を持って存在していたと思う。しかし、残念ながら現在ではすでに着物に、そういった未来の世界の姿を担うだけの密度はないような感じがする。垣根を取り払い開かれたことで、相対的に弱い文化が密度を失い力をなくしていく。この日本語という言葉も、日本人の英語下手という壁に守られ、現在はまだ生命力のある言葉として存在しているが、幼い頃からの英語教育が盛んになり、大学の授業は英語だ、社内の公用語は英語だ、といった状況が進んでいけば、かつてのネイティブアメリカンやマヤの人たちの言葉が実質的に失われていったように、日本語という文化も一部の収集家によって保存されるだけのものになっていくのかも知れない。英語を第二公用語にしようというような話が持ち上がる我が国であるから、それもまったくあり得ない話ではない。

〝閉じられたこと〟の持つ力

もちろん着物も日本語もローカルな文化で、そんなものに執着する必要はないという人もいるだろう。私も特に着物を着たいとは思わない方だが、私がここで問題としているのは、文化的アイデンティティーとか愛国心とか、そういうこととは少し違う。たとえばガラパゴス諸島やオーストラリア大陸で、独自の進化が起こり、我々から見ると奇妙な生物たちが繁栄したのは、これらの地域が地理的に隔離されていたことが最も重要な要素だったことは疑う余地がない。〝閉じられたこと〟が、その時主流となっている事象と、その亜種や改良版ではない、まったく違った形の生き物や文化を生む母体となっているのだ。〝閉じられたこと〟には、そういう力があるのではないかと思う。

何の形も境界もない混沌の中から、何かが形を作っていく時。そしてそれが醸熟し、萌芽していく時。そこでは、わずかな風が外から吹き込むのも嫌がるような、外界とのつながりが一旦遮断された、濃密で、閉鎖的な時空間が必要とされることがあるのかも知れない。そういえば子宮もある意味、閉じられた空間だ。そのイメージの延長線上にある。

こういった考え方は、本当に新しいものが求められる芸術の世界では古くから大切にされてきた。秘められた感情、抑圧された情熱、そういった簡単には人に話せない、心の奥に封じ込まれた物語が洗練され、閉じられた空間から一気に日の当たる場所に解放される時、多くの人を感動させる力を持った芸術になる。〝閉じられたこと〟が生む、ある種の偏り、純度の高さ、内圧のようなエネルギーの蓄積。描いては消し、消しては描く、その無駄で贅沢な作業。そして〝小さな世界〟の genesis。

閉じられたことは、育てること、に通じている。他と混じってしまえば、蹴散らされてしまうようなもの、色が消えてしまうようなものが、閉じられた空間だからこそ成長でき、成熟し、ある種の「世界」を作りあげることが可能となるのだ。

グローバリゼーションのもたらすもの

グローバリゼーションだ、グローバルスタンダードだと言うが、あらゆるものを混ぜて競わせれば、その結果、生き残るのは競争力や戦闘力という〝偏った特徴〟が強いものばかりになる。競争で選抜されるのは、実は限られた観点から見た優位性である。戦争に強い民族が、常に病気に強い訳でも、絵が上手い訳でも、足が速い訳でも、他人への思いやりに溢れている訳でもない。一つの観点で強い選択圧をかけてしまえば、その陰で多様で独自の特色を持った多くの形質が失われてしまいかねない。

あるいは経済で言えば、「消費者により良いものをより安く届ける」ことが天上天下唯一無二の正義のように言われているが、より安くを追求すれば、最も優れた企業とは、人件費がゼロ、つまり奴隷を使う企業である。社員を、あるいは国民を、どこまで奴隷に近づけることができるか、そんな競争をしてはいないだろうか？　非関税障壁はなくすべきだ、みんなが同じように競争し、容易に理解し合えるようにすべきだと言えば、世界中の言葉は英語だけでいい。独自の文化は基本的にすべて非関税障壁である。ほんのちょっとばかり安いものを手に入れるために自分たちの文化を捨てるべきかどうか、少し頭を冷やして考えれば、すぐに分かることではないか？

人類は、ある意味、世界の各地にある小さな閉じられた空間の中で、多くの独自の文化や社会の豊かさを育んできた。かつては世界のあちらこちらに、閉じられた袋があり、それを開けるたびに独自の文化や物語が見つかり、そこに新鮮な驚きがあったのだ。それらは長い時間をかけて、その場所で、醸成されてきたからこそ独自のものだった。世界が開かれ、世界中の子どもがディズニーしか見なくなったとして、そこに本当に新しい物語を作る力が、果たして残っているのだろうか？

「カビが生える学問」

そして今、大学もそういったグローバル化の中にある。今の大学は〝閉じられた時空間〟などという贅沢なものと本当に無縁の世界になっている。何かが育つのを待つようなゆっくりとした時間や空間はない。たくさんの情報が流れ込み、それに対する多くの出力がすぐに要求される。目の前にあることをとりあえず「こなす」ことで、時間が過ぎてゆく。一つ一つの事項を取れば、文句を言う筋合いはない「必要で大切な」案件が並ぶ。しかし、これが全体として見れば、まったく不毛で本末転倒なことに限りなく近づいているのは、一体どうしてなのだろうか？

昼と夜が交互に来るように、洪水のように流れてくる情報を、もう一度静かな、小さな空間の中で動きを止め、遅々としていても密度のあるものに練り直す、そういう作業が可能だろうか？　そのために私たちは何をするべきなのだろう？

図7. *Pyricularia oryzae* の培地上のコロニー

カビの胞子が発芽する。菌糸が伸びて、ビロードの絨毯のように幾重にも重なった、びっしりとした菌糸のマットが少しいびつな円形のコロニーを作る（図7）。先端の白い菌糸から内側の灰色の菌糸へ移相するグラデーションとその僅かな菌糸の濃淡が規則的な幾何学模様を作り、その上に白い気中菌糸が立体的で規則性の捉えがたい複雑な形を描いていく。わずか直径9センチメートルのシャーレの小さな閉じられた空間で、カビが「世界」を作っている。シャーレのフタを開けた時、吹き出すような香りがする。「カビが生える学問」の薫りだ。

第十三話　この世に「形」を生み出すこと

我が家の愚犬

数年前から犬を飼っている。ミニチュアダックスフントで、彼に顔をなめられて起きるのが、私の毎朝である。夜、私が帰宅しても、妻や子どもは知らん顔をしているが、彼は全身で喜びを表し、時には飛び跳ねて私を迎えてくれる。まったく可愛いやつだ。

時々彼は、私にお尻や背中をくっつけてじっと座っていることがある。野生だった頃の犬（たぶんオオカミということになるのだろうが……）にとって背後から来る敵を警戒することは大事なことで、お尻をつけて座るのは仲間として相手を信頼している証だという。

こうして犬を飼う前は、犬が病気になったからと50万円も100万円も出して手術を受けさせる愛犬家の話を聞いて、そんなにお金を出すのなら子犬を何匹も買えるじゃないかとか思ったものだった。しかし、今、彼が病気になったら、やっぱり私も100万円出してでも手術を受けさせると思う。ちょっと前までは高かったら飼うのは別の犬にしようかと言っていた〝代替可能な〟存在に過ぎなかった彼が、今では我が家にとってかけがえのない存在になっているのだ。それはつとめて当たり前の話とも言えるが、別に彼が急に血統書付きになった訳でもなく、盲導犬のように賢くなった訳でもなく、今も昔も小太りで、どちらかと言えばやや間抜けなただの犬なのだから、考えようによっては不思議な話でもある。

「壊れた玩具」

数年前のことだったと思うが、ソニーが作った犬型ロボット「アイボ」を取り上げたテレビ番組を見た。アイボには人工知能（AI）のような機能が搭載されており、最初は何一つできないが、少しずつ持ち主の声やくせを記憶し、また生活パターンも覚えてそれに反応するようになる。一緒に暮らしていくうちに、本当の犬のように「世界でただ1匹」の愛犬へと成長していくのだ。

そのテレビ番組で紹介されていたアイボの持ち主は、買ってからずっと、どこに行くにも、何をするにもアイボを連れていた。毎日、声をかけ、何かできると頭をなでて誉めてあげた。そんな飼い主にアイボも応え、出勤の際には玄関先まで見送りに来て、外から帰ると尻尾を振って出迎える。飼い主さんを見るとうれしそうに寄ってきて甘え、眠くなると足元で眠る。本当に飼い犬のようである。

テレビ番組で取り上げられていたのは、そんな旧型アイボの修理サポートが終了したという話だった。アイボも歳をとると、いろんなところに故障がでるようである。耳が悪くなり、呼びかけに反応が鈍くなったり、足に故障が出てすぐに転ぶようになったりする。動けなくて寝ていることも多くなる。死なないはずの犬型ロボットが、部品の劣化で歳をとっていくのだ。昔は元気に走り回っていたアイボが、置物のようになってしまう。でも、けなげにひとり遊びをして、飼い主の声にだけどうにか反応する。なんとも切ない。

サポートが終了すれば、修理のための部品はもうない。少しずついろんなところが動かなくなり、いずれ「その時」がやって来る。そんなアイボを供養して、お葬式をするお寺もあるという。飼い主からすれば、アイボはただの「壊れた玩具」ではない。一方、そんな「亡くなった」アイボからの「臓器提供」を利用して、公式サポートが終了した後でも修理を請け負ってくれる非公式の修理会社が現れた。そこには「いくらかかってもいいから直して欲しい」という依頼が舞い込むそうである。運が良ければ、「世界に1匹しかいない」自分のアイボが、また元気な姿で戻って来るのだ。昔のようにぴょんぴょんと跳ね、自分の声にうれしそうに反応してくれるアイボだ。その姿を万感の思いで見つめる飼い主。

そこには生物、非生物の垣根を越えた、何かのつながり、それは『星の王子さま』に出てくるキツネが、黄金色に輝く麦畑を見て王子さまの金髪を思い出すようになっていく、そんな10万もいるキツネの中から、世界でたった1匹のキツネになっていく、それと同じものがあるようにも思えるのだ。

分子と分子の特異的な結びつき

犬やキツネと一緒にして良いのかという問題はあるだろうが、生体の中の分子、たとえばＤＮＡにもそれと少し似たところがある。どういう意味かと言えば、それは〝特異性〟と呼ばれる性質である。ご存知の方も多いとは思うが、ＤＮＡの４文字の暗号（塩基）には、非常に大切な特徴があり、それは４つの塩基のうち、Ａ（アデニン）とT（チミン）、そしてG（グアニン）とC（シトシン）がペアを作るということである。この二つの塩基がペアを作り、お互いが特定の相手とだけ引き付け合う。こういった性質／関係を特異性というが、これはある分子がこの世に存在する無数の分子の中から、たった一つの相手と特別な関係にあり、結びついていることを意味している。厳密に言えば、たった一つというのは言い過ぎだろうが、無数にある分子の数を考えれば、たとえばアデニンにとってチミンは「世界でたった1匹のキツネ」と形容してもよいような特別な関係である。そして、こういった分子と分子の間にある特異性は、多くの生命現象に共通して見られ、その根源的な基盤となっているように思う。

第七話にも書いたが、この世は「エントロピー増大の法則」に支配されており、形あるものはいつかその形を失い、無秩序が支配する世界へと飲み込まれてしまう。しかし、生物はその世界で「法則」に抗い、形を作っていく。私はこの生物の「形」を作るという性質の根底にあるのが、特定の何かと何かの間に関係性を生み出す、特異性、なのではないかと思うのだ。

たとえば、ある環境下に、A、C、G、Tというヌクレオチド分子が存在していた

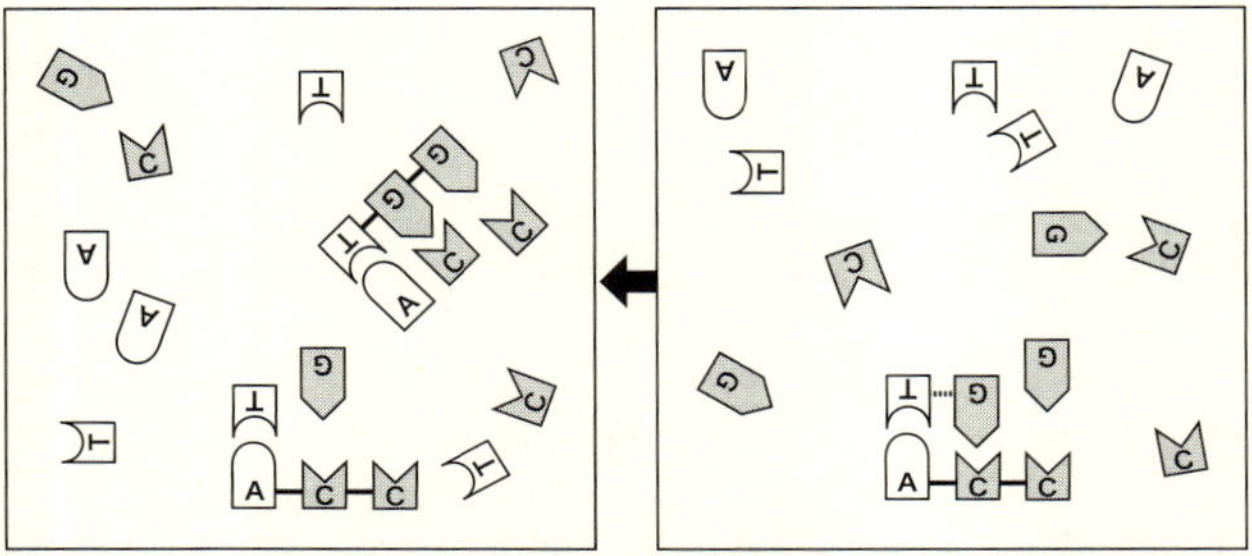

図8.　ランダムに存在するヌクレオチドが特異的に結合する性質（相補性）により、特定の形を増幅していくモデル図

とする。本来ＡもＣもＧもＴも、その環境下で自由に振る舞い、どこでどの様に分布していても良いはずである。しかし、そこに何かの拍子にＡＣＣという並びの配列ができたとする（図8）。すると、そこではどこにあっても良いはずの分子たちが、ＡとＴ、そしてＧとＣがペアを作るという特異性故に、ＡＣＣとペアを組むように左からＴＧＧという形で集まってくる。つまりＡＣＣという配列の存在が、他の分子に影響を与え、その存在のあり様に偏りを与える力となっている。そしてその偏りによって近接することになった分子たちの間に、ある頻度でつながりが生まれてくる。その結果、ランダムに動いていた分子たちの中に「形」が現れるのだ。今度は逆にこのＴＧＧという配列が環境に放出されれば、それに吸い寄せられるようにＡＣＣという形で分子たちが集まってくる。つまり元々、A、C、G、Tというヌクレオチド分子たちが自由気ままに動き、ランダムに存在していた混沌の世界において、ACCやTGGという「形」の存在確率がどんどん高くなっていくような現象が起こってくる。

存在のあり方を限定すること

ここで挙げた例は、所謂（いわゆる）「自己複製」の原型のような話であるが、現在の生物が行っているDNAの複製、RNAの転写、酵素と基質の反応といった様々な代謝反応にも実は似たような原理が働いている。その特徴をまとめて言えば、すでに存在する分子パターンが特定の対象に作用し、新しく生まれてくる分子パターンを一定の形に限定／制限するということである。たとえば酵素反応は、酵素が特定の基質にのみ触媒活性を発揮して、決まった形の分解産物や修飾産物を生み出す。また、その酵素はmRNA上の配列情報により特定のアミノ酸が次々と引き寄せられつなぎ合わされることで、決まった形の分子として生成されてくる。そして、そのmRNAはDNA上の遺伝情報の特異性に応じて、集まってきた特定のリボヌクレオチドたちが順につなぎ合わされることで形が決まり、転写されてくることになる。こういった様々なレベルにおける、生体分子の特異性により、この世に無数に、そしてある意味、ランダムに存在する分子たちの中から存在様式が限定されたものが生じ、形が生まれてくるようになる。そして、そのような事象を玉突き的に次々と連続して起こすことで、生命は成り立っているのである。

「特定の対象の存在のあり様を規定すること」は、「形」を作ることに必須の要素であり、それはあるべき場所に、あるべきものを配置することを意味する。そして生体の中では、分子の特異性がそれに大きく寄与しており、より根源的にいえば、それらはDNA上にある遺伝情報によって、その多くが規定されている。つまり〝遺伝情報〟の本質とは、この世界に気ままに存在し、ランダムに動き回っている様々な分子たちを特定の「形」へと整列させていくような力、それを可能とする長年の〝ノウハウ〟の膨大な蓄積のようなものではないかと、私は思う。DNAには、長い生物進化の中で蓄えられたそんなノウハウが詰まっているのだ。そして、それは分子と分子の特別な結びつきを通して、この世に具現化してくることになる。

〝結びつき〟が生み出す「世界」

話はまた犬とキツネの世界に戻る。人間の社会においても、何かと何かの結びつきのようなものが、人や物事の在り方に影響を与え、それらを規定し、ある種の「形」を作っていく。それは友人関係や家族のような小さな「形」から、会社や社会といったより大きな「形」まで、様々なレベルでしばしば見られることである。

これに関して私が不思議に思うのは、人が愛着を持つという行為である。人が特定のものに惹かれ、愛着を持つようになっていくのは、一体なぜなのだろうか？　それは個々人があたかも生まれつき何かの「レーダー」を持っているかのように、あるいはまるでＤＮＡの塩基が特異的なペアとなる相方を探していくように、世界にランダムに存在しているものの中から何かを——時には偶然に左右されつつも——捉えていく。その対象が人や動物であれ、文学や音楽のような芸術であれ、はたまた、ただの物であれ、誰かが何かに愛着を持ちつながりを結べば、そこに「無秩序な世界」から脱却した特定の新しい「形」が生まれてくるのだ。

なぜマクリントックはトウモロコシに興味を持ったのか？　リリエンタール兄弟が空に憧れたのか？　そこに確固たる理由があるかどうかも分からない、見過ごしてしまえば、そのまま過ぎていくようなものに誰かがこだわり、愛着や情熱を持つことで、その人がその対象と向き合わなければ、この世に生じなかったものが、何もないところから忽然とこの世界に姿を現すのだ。それは正真正銘、「魔法」ではないかと、私は思う。

その「形」とは、誰かが誰かを愛することで生まれる恋愛かも知れないし、アイドルに夢中になる「オタクの世界」かも知れないし、愛犬との関係なのかも知れない。また、文学や美術といった芸術作品になっていくのかも知れないし、新しいビジネスを切り拓くことや、ノーベル賞につながるような科学的な発見になるのかも知れない。これらを同列に並べることを不愉快に思う人がいるかも知れないが、私にはその本質的な違いがよく分からないのだ。

愛着を持つことは世界に偏りを作ることである。世界にいるすべてのキツネをどれも同じというのでなく、その一匹と特別なつながりを持つことで生じる偏りが、その歪みが、「形」を、そして「世界」を作り出すのだ。そして、それはあなたとそのキツネが出会わなければ、この世に生じない新しい「世界」であり、そのことで世界は少しだけ切り拓かれ、豊かになっていくのだ。

君がお尻をつけて後ろを向いている。

その小さな温もりを感じながら、だから、これだけあれば他に何もなくても、人生は生きていくに足るのかも知れない。そんなことを、ふと思ったりする。それは本当に、ほんの少しだけど、世界を切り拓いている営みなのだよ、おい。

ずいぶんと大げさな表現ではあるけれど。

第十四話　確率の話

将棋と麻雀の日々

お恥ずかしい話だが、私は大学院生・ポスドクなどを含めると11年も大学生もどきをやって、その間ずっと将棋部員だった。もちろん院生になると部員として大会に出場することはできないのだが、11年間、ほぼずっと部室（関西ではよくボックスと呼ばれる）に入り浸って、将棋と麻雀に明け暮れた。博士課程に入っても、夜の10〜11時頃に研究室を出てボックスに行き麻雀をして、午前2〜3時に下宿に帰るというような「規則正しい」生活を送っており、見かねた研究室の先輩には「お前は、酒や女で身を滅ぼすことはないだろうが、ゲームで身を滅ぼすわ」と言われる始末だった。些か（いささか）不本意な言われ方であり、『郵便配達は二度ベルを鳴らす』や当時流行っていた『氷の微笑』など観てみたが、分かったことは、どうやら将棋の方が面白そうだということだった。無念である。

それだけ時間を使った割には、将棋も麻雀もさほど強くならなかったが、その膨大な時間をただ浪費したのかと言えば、それもやはり少し違う。20代を将棋と麻雀漬けで過ごした影響は、良くも悪くも自分の人生観や価値観に今も色濃く残っている。

麻雀を知らない人には分かりにくいかもしれないが、麻雀に関するちょっとしたクイズを出してみたい。麻雀では連続する三つの牌を揃えることを一つの目標としている。さて、次の問題1のAとBのうち、どちらの待ち方を選ぶのがよいだろうか？

問題1

A

B

答えはBである。なぜなら、三つ並べるためにもう1枚必要な牌が、Aでは三萬しかないが、Bでは三萬でも六萬でもよいので、有効な牌を持ってくる確率が2倍あるからだ。それでは、次の問題2はどうだろう？　あなたはどちらを選ぶべきだろうか？

問題2

A　二萬　四萬

B　伍萬　六萬

問題1の答えがBであるなら、こちらもBのはずである。なぜならAでは三萬しかないが、Bでは四萬と七萬があるからだ。確率は同じように2倍だ。しかし、問題1はBが正解と言えるが、問題2の正解は、実は「分からない」のである。それが現実の麻雀だ。

それはどういう意味か？　問題1ではBはAに比べて、単純に六萬が来た時に揃う確率が増えるだけである。だからBを選んだ人が三つ揃えるという意味で不利になる確率はゼロである。しかし、問題2では三萬が来るという可能性と、四萬もしくは七萬が来るという事象は独立していて、Aで待っていれば揃うけど、Bの形で待っていたら揃わないということが、実は⅓の確率で生じてしまう（最終的にどちらも揃う、もしくはどちらも揃わないケースを除外した場合）。つまり3回に1回は、Aで待つべきだったということになるのである。

それは、結果論だよ、という指摘は正当なものである。誰も未来は正確に予言できないのだから、たとえ結果的に負けたとしても、確率の高いBで待つ方がその時点の選択としては正解だ。それが正論であり、「科学的な」考え方である。しかし、このあっけらかんとした正論に、少しだけどこか違和感を持ってしまう自分がいる。その「正論」は麻雀というゲームの何か大切な一面を捉えていない。そんな気がするのだ。

「確率の理」とは何か

麻雀にとって非常に大切な要素に確率があることは間違いない。長い目で見た場合、確率を無視した麻雀をやって勝てる人などいないだろう。それは確かなことである。しかし、この問題2で常にBを選ぶ人は、3回に2回しか正解を選べない。それもまた事実なのだ。勝つ確率をこの⅔から少しでも上げる、つまり、Aが正解になる時にAを選んでいる、そんな芸当はできないのか?

それは、言うならば未来を予言することであり、友だちにドラえもんでもいない限り、そんなことはできない相談のはずだ。しかし、では、ドラえもんを友だちに持たない人は、確率という「理」に従うことが絶対で、そこに実際に存在している残り⅓

の確率を捨てるしかないのだろうか？　その⅓を拾うための努力は、より大きな残りの⅔を捨てかねない危険な行為、「無駄なあがき」に過ぎないのだろうか？

そこに何か、大きな分かれ道のようなものがある。

Aは勝つ確率が⅓、Bは確率⅔と言えば、選択の余地はないようにも思えるが、実は「確率の理」とは、今、目の前にある1回の勝負において、その選択が最善かどうかを教えてくれるものではない。そうではなく、たとえ目の前の勝負に負けたとしても、同じスタンスで長い間、勝負に臨めば、１００回のうち67回くらいは勝てるというような考え方である。福本伸行氏の『アカギ』にも描かれていることであるが、それはどこか十把一絡げ的な、目の粗いところがある考え方であり、一回一回の〝今の勝負〟を、ある意味、粗末に扱っている、そんな側面があるのだ。

現実の一回一回の勝負の場では、確率が高いBではなく、Aが正解だったというようなことは、ビックリするくらいしょっちゅう起こる（長い目で見れば⅓の確率だが……）。また、状況をよく見れば、BよりAを選択した方がよいのかもしれないと思えるケースも、稀ではあるが存在する。それはある程度の根拠をもって判断できる場合もあるし、流れやツキといった、主観的なものに依存している場合もある。そんな時、その自分の内なる判断を入れてAを選択するのか、それともそういった自己判断は排して、やはり確率という外なる「理」に従ってBを選ぶべきなのか、そんな分かれ道が現れるのだ。

このことをもう少し別の例を挙げて考えてみよう。たとえばあなたが何かの病気になり、「このままだと寿命はあと5年です。手術をすれば治るかもしれませんが、成功確率は60％です」と医者に言われたとする。つまり手術をすれば治るかもしれないが、40％の確率ですぐに死ぬことになるかもしれない。さて、あなたは手術をするという決断をするだろうか？

実は、この「60％成功する」という確率とは、たくさんの患者を診る医者にとって意味がある数字である。あなたにとって本当に問題なのは、一口に同じ種類の手術と言っても、自分と同じ病気の進行度で、同性、同年代の人の場合はどうだったのか、自分に手術に耐える体力があるのか、執刀医は信頼できる人なのか、といった〝今の勝負〟に特化した情報である。そして、そういった個別の情報、より正確な情報をと追い求めていけばいくほど事例も少なくなり、執刀医の信頼性といった、簡単には数値化できないが与える影響は極めて大きな事項にもぶち当たり、「正確な確率」は分からなくなっていく。目の前には、あの「闇」が広がっているだけである。

その「闇」を前に、あなたが唯一しがみつけるのは「60％成功する」という「理」だけなのだ。そうではない、自分自身の判断を入れた決断を、そこであなたは下せるだろうか？

母の肝炎

また私的な話題になって恐縮だが、これに関する40年ほど前のことを書いてみたい。当時、私は中学生だったと思うが、母が肝炎を患った。肝炎は悪くすれば、肝硬変、肝がんなどを経て死に至る病であり、母の肝炎が分かった時には、緊急入院が必要なくらい重篤な状態であった。この時、母は尋常ではない体のだるさや吐き気などの体調不良に襲われ、何度か病院に行ったのだが、消化器系の異常を疑われ検査の結果は「異常なし」で、大学病院に行っても「精神性のもので、異常なし」という診断だった。自分の体調を鑑み、これが「異常なし」というのはおかしいと思った母は、知人が肝炎で亡くなったことを思い出し、肝臓の検査をしてもらえないだろうかと申し出た。その検査結果は、先に述べたように、即、入院というものであった。

この経緯はこれまでずっと信じてきた現代医学、そして大学病院という「権威」が、思いの外に頼りないという不信感を母に与えた。また、当時の常識的な肝炎に対する治療というのは、高カロリー、高たんぱく質の食事療法と安静というもので、特効薬があるわけでなく、この療法を続ければ確実に治るというものでもなかった。検査値は状態が危機的なものであることを示しており、劇症肝炎や肝硬変から死に至るかもしれないという恐怖を前に、確実な治療法がない状況は、我が家に絶望をもたらした。父と母は肝炎に関する本を読み漁り、悩んだ挙句、現代医学を捨て、断食を含む玄米菜食療法で治療に臨む決断をすることになる。文字通り〝命懸け〟の決断である。幸いなことにこの決断は吉と出た。食事療法を始めて数ヵ月後には、危険域にあった肝炎の検査値が正常域に入るまでに母は回復し、家族は母を失うという恐怖から解放されたのだった。

「意志ある選択」

この父と母の決断が「科学的に」正しかったのか？　それは分からない。検査結果を総合すれば、母は以前からB型肝炎ウイルスの無症候性キャリアであったが、急性増悪と呼ばれる現象を起こし、深刻な肝炎になっていたと考えられる。こういったケースでは自然治癒する例もあり、玄米菜食療法が肝炎の治癒に実際どれほど寄与したのかという点には議論の余地があるだろう。しかし、当時の高カロリー、高たんぱく質という食事療法は、現在では否定的に考えられており、それより良い選択であった可能性は高いのではないかと思う。

ただ、ここで問題にしているのは、現代医学か、代替医療か、といった話ではない。両親は、命を懸けた選択を、自分たちの外にある「常識的な理」に頼るのではなく、それに関する情報を集め、自らの内なるもので作り上げた「意志ある選択」をした。その苦悩の末の勇気、それを思う。

うまく言えないが、こういった、人の「意志ある選択」には、何か「世界の形」を変える力——それがほんの微々たる力であっても——そんなものがあるような気がするのだ。多くの科学の発見も新しい会社の設立も、「意志ある選択」から生まれてきた。また、そんな〝偉人の功績〟でなくとも、一個人が周囲に与えていく影響でもい い。人の情熱や愛着や意志が、何か「無秩序が支配する世界への働きかけ」のような ものになり、新たな「形」を生んでいく。「空」から「色」を生んでいく。そんなこ とを思うのだ。

この本も、あの時の両親の決断がなければ、こんなテーマで書いてみようと思うこ とは決してなかった。だから、本書はあの両親の決断が、未来の「世界の形」をほん の少しだけ変えた証でもあった。

「意志ある選択」。科学はそれを人から奪うためでなく、与えるために存在する。不 確かさも含め、科学的知見は常に「考える素材」である。それが科学の存在意義であ り、その「選択」こそが、私たちに与えられた、世界を拓く力、生きる意味、なので はないだろうか。

ただ黙って身を任せていればよい「絶対」など、元来、人には与えられていないこ とを、「生」ある限り、そこから逃げ出すことはできないことを、覚悟し、「闇」に向 けて、眼を開く。そんな自分でありたいと願う。

エピローグ

僕の父方の祖父は、父が子どもの頃に亡くなり、母方の祖父は、僕が幼稚園の頃に亡くなった。だから、どちらの祖父にもはっきりとした思い出があまりないのだが、二人の祖母には、よく可愛がってもらった。特に父方の祖母は、僕が小さかった頃、一緒に住んでいたこともあって、乳飲み子の頃から掌中の珠のように大事にしてもらった。祖母にとっても、生まれた時から身近で世話を焼いた孫は、僕が初めてのことだったと思う。

祖母の部屋は眺めが良く、小さかった頃の僕はそこから一日一回やってくる蒸気機関車を見るのが日課だった。小山の中腹に線路があり、祖母の部屋の窓からはそれが正面に見えた。遠くから汽笛とともに煙を吐きながらやって来る蒸気機関車を、あまりに熱心に僕が見るので、その窓から落ちないように祖母は窓の下側に横木をつけてくれた。僕はそれにつかまりながら、蒸気機関車のことを「まっくくう！　まっくくう！」と呼び、祖母の横で毎日汽車を見ていたそうだ。

いろいろと大人の事情があり、僕が中学に入る頃には、祖母と離れて暮らすようになった。その数年後には、父親の転勤で生まれ育った九州から青森へと引っ越すことになり、九州で暮らしている祖母に会うこともほとんどなくなってしまった。また、子どもが大きくなるにつれ、親離れ、そして祖父母離れも起きていく。そんなこんなが相まって、いつの間にか祖母ともずいぶんと疎遠になっていった。

でも、時々、九州に帰郷した際には、祖母に会いに行った。祖母は理知的な人で、思ったより素っ気ない対応をされることが常だったが、いつも帰り際になると、涙をためて僕を見た。当時の僕は今生の別れでもないだろうに、なぜ、泣くのだ。おばあちゃんは元気だし、また、いつでも会えるじゃないか、そう思ったものだった。泣かれるのはなんとも苦手で、おばあちゃんに会うのは楽しみだったが、それが正直、嫌だった。子どもだったのだと思う。高齢の祖母にとって、滅多に会えない孫と別れるということが、どういう意味を持つのか。いつも冷静な祖母がどんな思いを持ち、涙を堪(こら)えることができなかったのか。何も分かっていなかった。

そして大学の学部生の頃、祖母の方が「正しかった」ことを、僕は知ることになる。

祖母のお墓は少し辺鄙な場所だが、日当たりの良い高台にある。祖母がクリスチャンだったことや僕のよく知らない事情もあったようで、祖母は古い墓には入らず新しくお墓を作って、そこに眠っている。僕は長い間、祖母の墓参りにも行っていなかった。祖母のお墓のある九州から離れて住んでいたし、たまに九州へ帰っても旧友と遊ぶようなことを優先してしまっていた。まったく薄情な孫である。そんな僕が初めて祖母の墓参りに行ったのは、少し大人になって就職してからのことだったろうか。なぜか、祖母と住んでいた子どもの頃を思い出し、行かねばならない、というような気持ちになり、福岡に行った機会に足を延ばして祖母のお墓を訪ねたのだった。

からりと晴れて気持ちの良い青空が広がった3月の昼下がりだった。母親から聞いていた祖母のお墓の場所を訪ねると、お墓の工事のようなことが行われており、なぜか祖母のお墓からは骨壺が取り出されていた。お昼休みか何かだったのだろうか？工事用の道具は置かれたままだったが工事の人もおらず、お墓の前にポツンと骨壺が置かれていたのだ。お墓に納められている骨壺などそうそう見る機会もない僕は、その光景にちょっとギョッとした。祖母の骨壺は円筒形の陶器製だったと思う。元々は真っ白な骨壺だったのだと思うが、長い間、お墓の下にあったせいで、所々、土やカビのようなものが付着して、ずいぶんと汚くなっていた。これも何かの縁だと思い、手桶の水を少しかけてその骨壺を両手で持ち、少しずつ少しずつ、その汚れを親指の腹で擦り取っていった。もし、周囲に人がいたら気味悪く思われていたかも知れないが、おばあちゃんが小さな僕を掌中の珠のように大切にしてくれたように、小さくなったおばあちゃんを僕は両手で抱えていた。ものの5分ほどで骨壺はすっかりきれいになり、元あったようにお墓の前にその骨壺を置いて、お墓に水をかけ、お花を供えた。

その時だった。骨壺のフタが、カタカタカタ、カタカタカタ、と音を立てて揺れたのだ。いくら快晴の昼間とは言え、寒気がしなかったと言えば、嘘になる。また、カタカタカタ、カタカタカタと音がした。オカルト話ではない。これは僕の身に実際に起こったことである。

カタカタカタ、カタカタカタ。その音を聞きながら、僕は少し混乱しつつも、もしかしたら、これはおばあちゃんが喜んでくれているのではないか、そう思えるようになっていった。僕がお墓参りにきて、骨壺をきれいにしてくれた。きっと、そう喜んでくれているのだ。そう思うと、一生懸命、フタを揺らしているおばあちゃんが、健気に思えて、少し微笑む余裕さえ出てきた（そうは言っても、結局、骨壺のフタは怖くて開けられなかったけど……）。縮こまった心が少し緩んだ。

忘れようにも忘れられない、不思議な思い出である。

端くれだけど、もちろん僕は科学者で、その時のことをお墓参りの帰り道でつらつらと考えていた。説明できるとするなら、空気の膨張しかない。お墓の下で冷たく置かれていた骨壺が地上に出され、中の空気が徐々に温められた。それをさらに僕の掌の体温で温めた。また、骨壺に水をかけたことでフタと本体の間の隙間が密閉され、膨張した空気がフタを押し上げてカタカタと鳴らした。それが考え得るメカニズムだった。そう考えれば、確かに説明はつく。

しかし、どう言えばいいのだろう？　そうして説明して安心している自分が、何かから逃げているような、そんな心持ちが一方ではするのだ。もちろん、祖母の霊が孫の墓参りに喜び勇んで骨壺のフタを鳴らした、というような説明がより良い説明だと言うつもりはない。孫の墓参りを喜ぶご先祖様は多いだろうし、もしそんなことが起こるのなら、盆や彼岸の頃には日本中の霊園のあちらこちらで、カスタネットを鳴らしたような大騒ぎになっているはずである。再現性を考えるなら、それは確かに非科学的な話である。

ただ、お恥ずかしい話だが、僕は祖母の墓参りにこれまで数えるほどしか行ったことがない。そのうちの1回が、これまでで恐らく1度しか行われていない祖母の墓の工事の日にたまたま重なり、しかも骨壺が誰もいない墓の前に放置されていたのだ。墓工事に関しては素人なのでよく事情は分からないが、骨壺はお墓でいちばん大切なものだろうし、そんな放置してどっかに行くなんてことが一般的なこととはあまり想像できない。僕が墓参りに行った時に工事の人がいれば、骨壺を両手に抱くなんてことも、相当変な人に見えてできなかっただろうし、寒暖差の大きな3月のあんな快晴の日でなければ、土中との大きな気温差も生まれなかっただろう。そう考えていくと、僕の記憶に深く刻まれたあの〝不思議な体験〟は、そんなことってあるだろうか？　というような様々な偶然がピンポイントで重なった結果、もたらされたもののように思えるのだ。

「ラプラスの悪魔」で有名な数学者のピエール＝シモン・ラプラスは、かつて「偶然とは無知の告白である」と言ったそうだが、これまで生きてきて僕は、「偶然」って、本当に偶然で、ランダムに分布するものなのだろうか？　と考えてしまうことに、何度か巡り合った。自由気ままでランダムに動いている分子たちが、遺伝情報の力でこの世界に形を作っていくように、人生の中にも〝偶然〟がつらなり色模様を織りなす、そんな出来事が、時々起こるような気がするのだ。そんな偶然のつらなりが、この世に何かの形、いうならば〝物語〟を紡ぎだす。この話も、そんな僕とおばあちゃんの小さな〝物語〟なのだと思う。そこに科学も非科学もない。僕にとっては、あの時、感じた「おばあちゃんが喜んでいる」ということが、僕の人格の一部を形作り、僕の人生の糧となっている唯一の記憶なのである。決して「温めた空気は密閉すれば膨張圧力を生みます」というような科学的な真理で、置き換えられるものではない。

もちろん「偶然の連続」に安易に〝意味〟を与えてしまうことは、人間特有の「誤謬（ごびゅう）」なのかも知れない。しかし、その「誤謬」をまったく拒否する生き方は、〝この世に起こったこと〟というものを、あまりに粗末に扱っている行為であるようにも思う。

科学も非科学も飛び越えて、この世に生きる勇気を与えてくれるのは、人の心にあるそんな「物語の力」ではないのだろうか。多くの科学者が見つけた真実も、実は最初からそれが真実だと分かっていた訳ではない。「空を飛びたい」「遺伝子は動く」。そういった今では科学になったことも、最初は科学者の心にあった妄想のような、信念のような「物語」がこの世に形をなしていったものではなかったか？

僕たちの前に広がるあの暗闇。考え始めたら足がすくむ様な、あの暗闇に向かう勇気をくれるのは、人の心にあるそんな小さな物語の力なのかも知れないな、と思う。その物語を信じた者が、闇の中に小さな光を見出す。世界はそんな光で溢れ、少しずつ照らされているのだ。

僕も、そんな光を一つでも見つけ出したいと思う。科学と非科学のはざまで。

あとがき

昨今、わが国では毎年秋になると誰がノーベル文学賞を取るのか話題になるが、それは「小説を書く」という人の行為に高い価値が認められていることの証でもある。小説は、人に生きる勇気を与え、人生の意味を考えさせてくれる。しかし、人文科学・自然科学を問わず、科学の世界で「あいつは小説を書いている」というのは立派な悪口であり、「確たる証拠もないのに、よくそんなことが書けるね」というニュアンスが含まれている。

「次回作はエッセイを書いてみませんか?」と、前作を担当して頂いた高月さんに言われた時、そんなことが頭をよぎった。

研究成果の発表の場である、いわゆる専門誌の学術出版では、自分の意見として公表できることが、実は極めて限られている。何かを主張するためには、それを支持する根拠を必ず示さなければならない。また、その根拠からどこまで主張できるのかということも、出版に至るまでの査読で厳しく吟味され、少しでも言い過ぎがあると、査読者から削除するようクレームが入る。「私はこう思う」というだけの根拠では、その主張が専門誌で公表されることは（少なくとも自然科学系では）、まず叶わない。逆に言えば、学術的な出版では書けることが限定されており、何を書くかに迷う余地はさほどないと言えるのかも知れない。

しかし、エッセイである。子どもの頃、初めて浮き輪を外して、背丈よりも深い海へ泳ぎ出してみた。あの時の感覚が蘇える。どこへでも自由に泳いで行けるが、無理をすると溺れてしまいそうでもある。科学の世界に身を置く者の一人として、根拠がないような話を延々とするのも憚られるが、浮き輪から手を放さないままでは、海を泳ぐことにはならないのだろう。自分が本当に感じていることを話さなければ、エッセイにはならない。それで泳げるか、溺れるかは、自分の責任なのだ。

結果として、扱っているテーマのように、科学と非科学のはざまを漂う本となった。本書で取り上げた話題の科学的な正しさには、できる範囲で留意したつもりであるが、話題によっては自分の専門外や科学的な見解が定まっていない領域にも言及しており、そういった性格の本であることをご理解頂いた上で、お読み頂けたら幸いである。

本書の執筆にあたり、将棋部の先輩であり、医師でもある遠藤和夫氏には、若い頃の将棋における「教育的指導」に加え、医学に関する記述でアドバイスを頂き、感謝申し上げたい。また章扉を飾る素敵なイラストを描いてくれた清冨雅子さんには細かな注文に根気よく応じて頂きとても感謝している。このような私の随筆を講談社現代新書から出版する機会を与えて頂いた、現代新書編集長の青木肇氏、前次長の高月順一氏、そして今回編集を担当頂き多くの示唆を頂いた丸山勝也氏には、この場を借りて心からお礼申し上げたい。また、原稿が『本』に公表されていた時から、熱心な読者となり意見をくれた家族の一人一人（および愚犬）には、いつも感謝している。

本書は、講談社ＰＲ誌『本』連載「科学と非科学——その間にあるもの」（２０１８年１〜12月号）をもとに再構成し、加筆・修正を加えたものです。

N.D.C. 914　188p　18cm
ISBN978-4-06-515094-8

講談社現代新書　2513

科学と非科学　その正体を探る

二〇一九年二月二〇日第一刷発行　二〇二一年九月二八日第五刷発行

著　者　中屋敷　均

発行者　鈴木章一
発行所　株式会社講談社
東京都文京区音羽二丁目一二—二一　郵便番号一一二—八〇〇一
電　話　〇三—五三九五—三五二一　編集（現代新書）
〇三—五三九五—四四一五　販売
〇三—五三九五—三六一五　業務
装幀者　中島英樹
印刷所　凸版印刷株式会社
製本所　株式会社国宝社
定価はカバーに表示してあります　Printed in Japan

「講談社現代新書」の刊行にあたって

教養は万人が身をもって養い創造すべきものであって、一部の専門家の占有物として、ただ一方的に人々の手もとに配布され伝達されうるものではありません。

しかし、不幸にしてわが国の現状では、教養の重要な養いとなるべき書物は、ほとんど講壇からの天下りや単なる解説に終始し、知識技術を真剣に希求する青少年・学生・一般民衆の根本的な疑問や興味は、けっして十分に答えられ、解きほぐされ、手引きされることがありません。万人の内奥から発した真正の教養への芽ばえが、こうして放置され、むなしく滅びさる運命にゆだねられているのです。

このことは、中・高校だけで教育をおわる人々の成長をはばんでいるだけでなく、大学に進んだり、インテリと目されたりする人々の精神力の健康さえもむしばみ、わが国の文化の実質をまことに脆弱なものにしています。単なる博識以上の根強い思索力・判断力、および確かな技術にささえられた教養を必要とする日本の将来にとって、これは真剣に憂慮されなければならない事態であるといわなければなりません。

わたしたちの「講談社現代新書」は、この事態の克服を意図して計画されたものです。これによってわたしたちは、講壇からの天下りでもなく、単なる解説書でもない、もっぱら万人の魂に生ずる初発的かつ根本的な問題をとらえ、掘り起こし、手引きし、しかも最新の知識への展望を万人に確立させる書物を、新しく世の中に送り出したいと念願しています。

わたしたちは、創業以来民衆を対象とする啓蒙の仕事に専心してきた講談社にとって、これこそもっともふさわしい課題であり、伝統ある出版社としての義務でもあると考えているのです。

一九六四年四月　野間省一

自然科学・医学

日本語・日本文化